Inhalt

Einleitung

Wir stellen uns hier der Frage, wessen die Menschheit heute am dringlichsten bedarf. Die Antwort ist: der Dienst am Heil des Menschen in der denkbar organischsten Verbindung mit der Diakonie zugunsten des Heil-seins, der Gesundheit der Menschen, der einzelnen und der Gemeinschaften in all ihren entscheidenden Beziehungen und Dimensionen. Diese grundsätzlichen Überlegungen verlangen auch eine Art Diagnose über die Situation der Menschheit: Wo zeigen sich heilende Kräfte? Wo liegen die Ursachen und welches sind die Hauptsymptome der gefährlichsten und weitest verbreiteten Entartungen und Krankheiten? Wo stehen die Vertreter der heilenden Dienste? Wie erfüllt die Kirche ihre diesbezügliche Sendung? Sieht sie Notwendigkeit und Möglichkeit einer Neuorientierung und besseren Synthese zwischen Evangelisation und der Erfüllung des Herrenauftrags, die Kranken zu heilen?

James McGilvray, Sprecher einer ökumenischen Kommission, die sich jahrelang mit dieser Thematik befaßte, schreibt dazu: „Die Kirchen hatten immer einige Schwierigkeit, wenn es darum ging, wie sie auf den Auftrag ihres Herrn, zu heilen, adäquat antworten sollten."[1] Wir dürfen wohl die Mutmaßung äußern, daß der Hauptgrund der meisten Schwierigkeiten darin liegt, daß es der Kirche nicht immer gleich gut gelang, die Diakonia am kranken Menschen als integralen Teil ihres Gesamtauftrags zu verstehen und zu sehen, wie innig Heilsverkündigung, Heilsdienst und der heilende Dienst am kranken Menschen und der kranken menschlichen Gemeinschaft zusammengehören.

Daß sie zusammengehören, wird aus der neutestamentlichen Überlieferung der Sendung der Apostel, der Jünger und der Jüngergemeinde unübersehbar deutlich.

Der Arzt Lukas bringt den Heilungsauftrag sowohl bei der ersten Aussendung der Zwölf wie auch der 72 Jünger: „Dann rief Jesus die Zwölf zu sich und gab ihnen die Kraft und Vollmacht, alle Dämonen auszutreiben und die Kranken gesund zu machen. Und er sandte sie aus mit dem Auftrag, das Reich Gottes zu verkünden und zu heilen ... Sie verkündeten das Evangelium und heilten überall die Kranken" (Lk 9, 1–6). „Danach suchte der Herr zweiundsiebzig andere aus und sandte sie zu zweit voraus ... Heilt die Kranken, die dort sind, und sagt zu den Leuten: Das Reich Gottes ist nahe" (Lk 10, 1–9). Auch das Evangelium des Matthäus ist ausdrücklich im Einschluß des Heilungsauftrags in die Anweisung für die Mission: „Die Zwölf sandte Jesus aus und gebot ihnen: ... Geht und verkündet: Das Himmelreich ist nahe. Heilt Kranke, weckt Tote auf, macht Aussätzige rein, treibt Dämonen aus!" (Mt 10, 5–8). Ähnlich ausdrücklich ist Markus bezüglich der Aussendung der Zwölf (6, 7–13). Von ganz besonderer Bedeutung ist in dieser Hinsicht der Schluß des Markus-Evangeliums; denn dort geht der Heilungsauftrag alle Gläubigen an: „Und durch die, die zum Glauben gekommen sind, werden folgende Zeichen geschehen: In meinem Namen werden sie Dämonen austreiben ... und die Kranken, denen sie die Hände auflegen, werden gesund werden" (Mk 16,17f.). Was Markus in dem letzten Satz seines Evangeliums zusammenfassend sagt, „Der Herr stand ihnen bei und bekräftigte die Verkündigung durch die Zeichen, die er geschehen ließ" (Mk 16,20), wird durch die Apostelgeschichte in zahlreichen Einzelberichten erläutert. Wir werden uns zu fragen haben, welches die Dämonen sind, die die Kirche im Zusammenhang mit der Erfüllung ihres Heilsauftrags auszutreiben hat, welches die Krankheiten sind, die zu heilen sie bevollmächtigt ist und wie dies in Erfüllung ihres gesamten Heilsauftrags geschehen könnte, immer im Blick auf die heutige Welt.

I. Wie sich heute die Frage nach dem Verhältnis von Heilsverkündigung und Heilen stellt

1. In-Frage-Stellung des modernen technisch-medizinischen Modells

Die naturwissenschaftlich-technische Entwicklung der Medizinwissenschaft und Medizin ist atemberaubend. Man hat die unmittelbaren Verursacher der meisten Krankheiten und Seuchen erkannt. Man erfindet stets neue Medikamente, die Bazillen, Viren, Sporen und sonstigen Erreger zu bekämpfen. Ebenso erstaunlich ist der Fortschritt der Chirurgie, bis zur Verpflanzung von Niere, Leber, Herz und Lunge. In meist voll besetzten Intensiv-Stationen werden viele scheinbar hoffnungslos Kranke über akute Krisen hinweg gebracht; zahllosen Kranken wird nach einem Herzstillstand das Leben noch für Jahre zurückgeschenkt.

Doch diese Entwicklung stößt auf immer deutlichere Grenzen: Diese sind zunächst sichtbar als finanzielle Grenzen. Die Ausgaben für die technische Ausrüstung moderner Hospitäler sind nur denen der militärischen Aufrüstung vergleichbar. Dabei kommt ein Großteil der rapide wachsenden Aufwendungen nur einem sehr geringen Prozentsatz der Bevölkerung zugute – weithin zu Lasten der Gesamtversorgung der Kranken, der Präventivmedizin und der Gesundheitserziehung. Nach verschiedenen Schätzungen erreicht die aufwendige, kostenverschlingende moderne technische Medizin in den Entwicklungsländern bestenfalls 10% bis 20% der Gesamtbevölkerung. Dazu kommt ein ganz unverhältnismäßiger Aufwand an Mitteln, Können und Personal für Todgeweihte, nicht so sehr, um ihnen wohltuende Pflege zukommen zu lassen, als vielmehr für eine technisch mögliche Verlängerung des Sterbeprozesses; unverhältnismäßig vor allem im Vergleich mit der Sorge um das werdende Leben und erb- oder milieu-geschädigte Kinder.

Dahinter stehen jedoch noch ernstere Fragen: Für große Teile der Bevölkerung wird die kostspielige technische medizinische Versorgung zu einem Götzen, um biblisch zu reden, fast geradezu zu einem Dämon, der ausgetrieben werden sollte: Man spricht von Gesundheitsversorgung – health-delivery (Gesundheitslieferung!) – und erwartet praktisch „Gesundheit" von der Technik und von den sie bedienenden Ärzten – einer neuen „Priesterschaft". Dabei vernachlässigt man sträflich die Eigenverantwortung für die Gesundheit und die Mitverantwortung für gesundheitsfördernde menschliche Beziehungen und Strukturen und fährt fort, die Umwelt, das ökologische Gleichgewicht, weiter zu stören, zum Schaden der Gesundheit vieler.

Gefährliche Seuchen wurden ausgerottet. Doch die Menschheit, die die Reparatur der selbstverursachten Krankheiten von der öffentlichen Gesundheitsversorung erwartet und verlangt, frönt individuell und kollektiv einer Undiszipliniertheit, die Seuchen hervorruft, die den ganzen Menschen in all seinen Schichten gefährden. „Im Westen sind unterdessen die früheren Mängel des Lebensraumes ersetzt worden durch so ungesunde Praktiken wie industrielle Verschmutzung und Toleranz gegen Rauchen, Trinken und übermäßige Nahrungsaufnahme ... So sind die Menschen ständig der Reklame ausgesetzt, mehr zu wollen und mehr zu konsumieren, einschließlich der Dinge, die die Gesundheit bedrohen."[2]

Der Mensch, der „Gesundheit" als eine „Ware" von der health-delivery erwartet, vernachlässigt seine eigene Gesundheit in oft ganz unverantwortlicher Weise. „Untersuchungen hatten gezeigt, daß etwa die Hälfte der Patienten, die in unsere Krankenhäuser aufgenommen wurden, vermeidbare Krankheiten hatten. Die Regierungsstatistiken zeigen ähnliche Zahlen."[3] Der Punkt ist nicht, daß man solchen Kranken die Hilfe verweigern soll, sondern vielmehr, daß ihnen wirksam geholfen werden sollte, solche Krankheiten zu vermeiden oder rechtzeitig Hilfe zu suchen. Wer versagt hier mehr, das öffentliche Gesundheitswegen oder die Religionsgemeinschaften?

Es ist zu fürchten, daß die in den USA festgestellte Situation bald auch für andere Industriestaaten zutrifft: 60% der Todesfälle in den USA haben als Ursache Herzversagen, Schlaganfälle und Krebs. Ein Überblick über die zehn häufigsten Todesursachen verweist auf einen Zustand, bei dem psychische Faktoren neben dem ungesunden Lebensstil eine große Rolle spielen. An 1. Stelle stehen die Herzerkrankungen, 2. Krebs, 3. Gehirngefäßerkrankungen, 7. Leberzyrrhose, 10. Selbstmord. Die Technik, die wir so großartig entfaltet haben, verschmutzt nicht nur Luft und Wasser und Nahrungsmittel, sondern macht uns weithin zu Sklaven, insbesondere wenn man bedenkt, was die Folgen der Ideologie ständiger Ausweitung, ständigen quantitativen Wachstums bedeuten. So groß die Umweltschäden sein mögen – und sie können in Zukunft noch viel größer werden –, „so verursacht doch der Lebensstil, den wir frei gewählt haben und kultivieren, die meisten Krankheiten".[4]

Das vorherrschende medizinisch-technische Modell wendet sich so einseitig der jeweiligen leiblichen Krankheit zu, daß es an der Zuwendung zum Kranken in seiner leibhaftigen Ganzheit fehlt.

Psycho-analyse und Tiefenpsychologie haben einerseits die Bedeutung der psychischen Faktoren ins Auge gefaßt. Die psychosomatische Medizin ist auf dem Weg zu einer gewissen Ganzheitserfassung, aber andererseits herrscht in der klinischen Psychologie weithin die Idee der „wert-freien" Behandlung bzw. Beratung. A. E. Bergin hat 30 grundlegende Textbücher über Psychotherapie untersucht und dabei festgestellt, daß in ihnen „Gott" und „spirituelle Kräfte" überhaupt nicht erwähnt werden. Er kommt zum Schluß: „Die Folge ist eine wert-freie Therapie, während in Wirklichkeit jene, die die religiösen Faktoren ausschließen, Ziele verfolgen, die durchaus nicht neutral, sondern gegenüber theistischen Werten aktiv feindlich sind."[5]

Dagegen zeigen eine Reihe von empirischen Untersuchungen, daß ein von religiöser Einstellung geprägter Lebensstil einen beachtlichen Einfluß auf die Gesundheit ausübt. So wurde festgestellt, daß die Mormonen in Utah etwa 30% weniger Krebsfälle aufweisen als die übrige Bevölkerung. Die regelmäßigen Kirchenbesucher in der Washington Country/Maryland haben ein 40% geringeres Risiko, an arteriosklerotischen Herzkrankheiten zu leiden.

Aus den Reihen der Ärzte selbst kommen immer mehr kritische Anfragen an das vorherrschende medizinisch-technische Modell: Welches Menschenbild

16

steht dahinter? Wie weit wirkt noch die Dichotomie Descartes' weiter mit ihrer Aufspaltung in Seele und Leib-Maschine? Versteht sich der Diener des technisch-medizinischen Modells nicht etwa als Angestellter in einer Reparaturwerkstätte? Wem dient dieses Modell? Was kann es leisten, und wo sind seine Grenzen, ja seine Gefahrenlagen? Was wird vernachlässigt? Was wird fehlorientiert?

2. Selbstkritik des kirchlichen Gesunheitsdienstes

Zweifellos ist der kirchliche Beitrag für die Gesundheit des Menschen hoch zu veranschlagen, zu einem großen Teil als unbewußter „Überschuß", als mittelbare Folge der Versöhnung mit Gott, mit dem Nächsten und mit sich selbst, als Folge der allgemeinen Erziehung zu Verantwortung und Mitverantwortung. Doch die Kirchen sind heutzutage bereit, sich radikal hinterfragen zu lassen und sich selbst zu prüfen, ob sie ihren Heilungsauftrag in Syntonie mit ihrem Heilsauftrag und gemäß den Nöten unserer Zeit voll erfüllen.

Hierzu einige Feststellungen: 1. In der theologischen Ausbildung der letzten Generationen wurde dem Auftrag der Kirche, zu heilen, sehr wenig oder keine Aufmerksamkeit geschenkt. 2. Soweit die katholischen Moralhandbücher oder Sondertraktate sich zu Fragen der medizinischen Ethik äußerten, handelte es sich fast durchwegs um solche Fragen, die sich innerhalb des gegebenen technisch-medizinischen Modells bewegen und unbewußt sogar das Menschenbild dieses Modells voraussetzen; die Missiologie hat zwar missionsärztliche Institute hohen

Ranges hervorgebracht und die Diakonie des Heilens durchaus betont. Die Leistungen verschiedener Missionsgesellschaften im Dienste der Kranken, und gerade auch der Ärmsten unter den Kranken, verdienen hohe Bewunderung. Aber es wurde nicht genügend getan, um den Heilungsdienst innerhalb der Heilsverkündigung und die Synthese von Heil und Heilen aufzuzeigen. Heutige Bemühungen, vor allem auch im Rahmen des Weltrates der Kirchen und der Missiologie, gehen davon aus, daß das rechte Verständnis des Dienstes an der Gesundheit der Menschen im Lichte des Auftrags Christi unbedingt nötig ist, um den Dienst der Heilsverkündigung besser zu verstehen und zu erfüllen[6].

Es soll nicht übersehen werden, daß die christlichen Missionen gar manches geleistet haben für die Primärversorgung der Bevölkerung in der Nähe der Missionsstationen und auch für die Gesundheitserziehung. Im Wesentlichen konzentrierten sich die opferreichen Aktivitäten der Missionen jedoch auf Hospitäler und Kliniken. Im Jahre 1910 gab es in den Missionsländern über 2100 Hospitäler und rund 4000 Kliniken, die von Missionswerken der evangelischen Kirchen unterhalten wurden. Im Verlauf der Zeit überholten die Anstrengungen der katholischen Kirche sogar die der Protestanten. Im Großen und Ganzen folgten diese Einrichtungen dem modernen technisch-medizinischen Modell, wenngleich die größten Einseitigkeiten weithin vermieden wurden. Mit steigenden Kosten mußten die Kranken zur Kasse gebeten werden. So kam es teilweise, daß die gut eingerichteten Missionhospitäler mehr den Privilegierten als den Allerärmsten zugute kamen. James Gilvray schreibt, daß sich 95% der kirchlichen medizinischen Aktivitäten auf Hospitäler und Kliniken konzentrierten[7]. Vielleicht trifft dies für die katholischen Missionen nicht genau zu.

Die Neubesinnung betont mehr die Präventiv-Medizin, die allgemeine Gesundheitserziehung. Sie sieht die Kirche als Ganze, vor allem die Ortskirche als heilende Gemeinschaft. Man ist bestrebt, den ererbten Individualismus zu überwinden[8]. Die Menschen sollen durch den Dienst der Kirche befähigt werden, besser zu verstehen, was vollmenschliche Gesundheit ist, und zu lernen, Gesundheit zu finden und Gesundheit zu stiften, aber auch in der Krankheit einen tieferen Sinn zu entdecken: zu heilen, was geheilt werden kann, und zum Unheilbaren Ja zu sagen. Auch letzteres ist Teil vollmenschlicher „Gesundheit".

3. Der Ganzheitshunger

Unsere besten Denker spüren seit geraumer Zeit, daß unserer Kultur nichts so sehr mangelt, wie „der Geist des Ganzen" (Der Rembrandt-Deutsche). Nicht nur in Medizin, sondern auch auf dem Gebiet der Kunst, die ja doch in besonderer Weise vom Blick für das Ganze lebt, beklagt man den „Verlust der Mitte" (H. Sedlmayer). Der tiefste Grund der Krise der modernen Medizin ist neben Spezialistentum vor allem jene einseitige Differenzierung, die fast stets mit innerer Konsequenz den Blick für das Ganze verstellt. „Differenzierung ist das schneidende Schwert des Modernisierungsvorgangs, der grausam zertrennt, was die Tradition als Ganzes darbot ... Differenzierung durchschneidet alte ursprüngliche Bande und

Kennzeichen der eigenen Identität. Was bleibt, ist die Krisis des ‚Ganzheitshungers‘."[9]

Auf keinem Gebiet ist der Schwund der Ganzheitsschau so katastrophal wie auf dem der Religion und der Gesundheit. Im Deutschen haben die Wörter Heil, heilig, heil-sein und heilen die gleiche Wurzel. Ebenso ist es im Englischen: holy, whole, wholesome und health kommen von der gleichen Wurzel HAL. Salus der lateinischen Sprache entfaltet sich in die zwei Begriffe salvezza und salute im Italienischen. Im Französischen hat das Wort salut noch die doppelte Bedeutung: Heil und Wohl, während santé nur Gesundheit bedeutet. Gesundheit, heil-sein und Heil begegnen sich in fast allen vergangenen Kulturen in einem ganzheitlichen Verständnis, das auch zu einer ganzheitlichen Praxis führt, was nicht notwendig ein Verwischen der beiden Aspekte bedeutet.

Moderne Medizin hat es nicht nur mit einer Vielzahl von Funktionen und Ebenen zu tun. Chirurgie befaßt sich mit körperlichen Organen und Funktionen. Medikamentöse Behandlung entspricht den chemischen Funktionen. Psychosomatische Medizin schaut auf das psychosomatische Wechselverhältnis und die Zusammengehörigkeit. Psychoanalyse und Psychotherapie bewegen sich auf der Ebene des Psychischen (der Selbsterfahrung, der Realitätswahrnehmung, der Besetzung des Gedächtnisses usw.). Die Logotherapie besteht auf der Einbeziehung der spirituellen Ebene. Sozialmedizin und Soziologie der Medizin befassen sich mit der sozialen Dimension, mit mitmenschlichen Beziehungen, mit dem Eingespanntsein in Strukturen und Zwänge, mit dem Wechselverhältnis zwischen Gesundheit/Krankheit des Menschen und der gesunden/kranken Gesellschaft, und zwar dynamisch im Blick auf Prozesse. Im Zusammenhang mit einem modernen Wissenschaftsbegriff war die naturwissenschaftlich orientierte Medizin am meisten versucht, die geistlich-religiöse Dimension des Menschen zu „übersehen", wenn nicht gar auszuschließen. Ein erfahrener Arzt sagt dazu treffend: „Zwar kann man die religiöse Dimension ignorieren, doch das kann nur geschehen zum Schaden von beiden, Patient und Arzt."[10]

Es gehört zu den positiven Zeichen der Zeit, daß sich auch innerhalb der medizinischen Welt der Ganzheitshunger spürbar macht. Vieles hat dazu beigetragen. Martin E. Marty vermutet: „Die Medizin, die sich einstmals ihrer wissenschaftlichen Zukunft sicher fühlte, öffnet sich mehr und mehr für ein ganzheitliches Suchen, dank eines von den Patienten ausgehenden Drucks, einer von außen an sie herangetragenen Kritik und dank auch einer Neubesinnung von Fachleuten auf dem Gebiet der Medizin und der Gesundheitsfürsorge."[11]

Ähnliches kann man wohl zunehmend auch von einem Teil der Theologie sagen, einschließlich Moraltheologie und Missiologie. Man wird sich der Notwendigkeit interdisziplinärer Forschung und Zusammenarbeit allmählich bewußt. Es wird besonders deutlich, daß die Wissenschaften, die sich mit dem menschlichen Heil befassen, die Dimension des Heilseins, der Gesundheit und der Krankheit nicht übersehen dürfen. Theologen wissen immer deutlicher, daß die Theologie selbst, für die die Ganzheitsschau lebenswichtig ist, des interdisziplinären Dialogs bedarf, um zu einer lebensvollen, wirklichkeitsbezogenen Ganzheitsschau vorstoßen zu können.

Wir können uns jedoch keinen oberflächlichen Optimismus erlauben. Das unsere Kultur, unser Erziehungswesen und unsere Universitäten kennzeichnende Spezialistentum und die lang andauernde Trennung der Disziplinen machen Ganzheitsschau und ein darauf aufbauendes Tun und Planen äußerst schwierig. Typisch ist wohl über das Gebiet der Medizin hinaus, was Alexander Mitscherlich vermutet, daß nämlich die Unkenntnis der Ärzte in Fragen der Psychologie „nahezu vollkommen" sei. Dabei sind schätzungsweise zwischen 30% und 70% aller somatischen Krankheiten vorwiegend oder doch teilweise in Ursprung und Schwierigkeit der Überwindung seelisch bedingt[12]. Auch die theologische und insbesondere die seelsorgerliche Ausbildung hat in diesem Punkt noch viel aufzuholen.

4. Ermutigende Initiativen

In den letzten zwanzig Jahren zeigen sich viele Anzeichen grundsätzlicher Überlegungen und Initiativen bezüglich einer Neuorientierung der Gesamtsicht der heilenden Dienste, der den Menschen als Ganzheit erfassenden Sicht, und zwar sowohl innerhalb der Kirchen wie auch der World Health Organization (WHO) und verschiedener Gruppen von Ärzten und Unternehmen für interdisziplinäre Forschung, die nicht nur Einzelfragen, sondern auch das Gesamtkonzept von Gesundheitsverantworung und Heilen betreffen[13].

Ein Modell ganzheitlicher Pflege und Sorge für Schwerkranke ist das in England entstandene und sich schnell ausbreitende Hospice-Movement, das vor allem Krebskranken im Endzustand nicht nur die klassische Behandlung zukommen läßt, sondern sich vor allem auf ganzheitliche Zuwendung zum Patienten und Versöhnung mit sich selbst, mit der Krankheit, mit der Umwelt und mit dem Tod konzentriert[14]. Im gleichen Sinn berichten zwei Krebsspezialisten und eine Psychotherapeutin von den Heilerfolgen und der ganzheitlichen Zuwendung zu Krebskranken, die anderswo als aussichtslos erklärt wurden[15].

II. Christus: das lebendige Evangelium und der gott-menschliche Arzt

In allen Religionen finden wir eine Ahnung, daß Krankheit mit Unheilsmächten zu tun hat, aber noch mehr, daß Gesundheit und Heilung ein Geschenk des Himmels ist und daß der Mensch zu Gott (bzw. zu Göttern und Schutzmächten) um Heil und Gesundheit beten darf und soll. In der alttestamentlichen Offenbarung zeichnet sich jedoch in einzigartiger Weise die Verheißung ab, die wir in Christus, dem Heiland und Heiler, erfüllt sehen.

1. Schalom: Heilung und Gesundung

Das Herzstück alttestamentlicher Verheißung und Erwartung ist *Schalom*. Es hat sehr viel mit einer umfassenden Sicht von Heil-sein, Gesundung und Heilung zu tun, und zwar schon vom ursprünglichen Wortsinn her. Dieses weltweit bekannte hebräische Wort für umfassenden Frieden „spricht von der Fülle und der Gesundheit des Lebens" [16]. „Schalom ist Ganzheit (im Sinn von Zusammengehörigkeit, vollständig, vereint, im Gegensatz zu Gebrochenheit). Die Wortwurzel verweist auf Wohlsein, Heil-sein und Heil. Die Bibel spricht von der *ganzen* Person, von einem *ganzen* Volk, einer *heilen* Welt, einer heilen Erde." [17]

Das heutige Friedensverständnis und die Friedensbemühungen knüpfen weithin hier an. Dazu gehört

24

das Heilsein und Heilen der Personen und Gemeinschaften, das Heilen des öffentlichen Lebens, das
Mühen um heile zwischenmenschliche Beziehungen.
Es geht schließlich immer wieder um eine umfassende Erfahrung von Heils- und Unheilssolidarität.

Das Schmerzlichste in der Krankheit Ijobs ist das
Unverständnis der Mitmenschen, das Abgeschnitten-
sein von menschlicher Gemeinschaft. Das Tröstende
dagegen und das letztlich Heilende ist für ihn, daß er
Gott erfährt „als den, der mit seinem Leiden mitleidet"[18].

Auch in der Psalmenfrömmigkeit kommt das Vertrauen zum Durchbruch, daß Gott ein mitleidiger Vater ist, daß ihn unser Leiden zutiefst berührt. Gott
versichert dem leidgeprüften Menschen: „Ich bin bei
ihm in all seiner Not" (Ps 91,15). Der Japaner Kitamori befindet sich auf biblischem Boden, wenn er
vom „Schmerz Gottes" redet[19]. In der Fülle seiner
Heiligkeit, Macht und Seligkeit nimmt Gott in einer
für uns absolut geheimnisvollen Weise am Leiden der
Menschen teil. Dies wird schon sehr deutlich im Lied
vom leidenden Gottesknecht, aber erst so recht spürbar im menschgewordenen Sohn Gottes, der für uns
gelitten hat.

Im Gottesknecht des Deutero-Jesaja offenbart sich
schon nachdrücklichst die Medizin, die Gott der
schlimmsten Krankheit der Menschen, dem Stolz und
der Selbstsucht, bereitet in einer alle Begriffe über-
steigenden Heilssolidarität (Jes 42,1–4; 49,1–6;
50,4–9; 53,2–3). Gott selbst ist bei all dem im Spiel.
„Er wurde ihr Retter in der Not. Nicht ein Bote oder
ein Engel, sondern sein Angesicht hat sie gerettet. In
seiner Liebe und seinem Mitleid hat er sie erlöst" (Jes
63,8–9). In Jesus wird diese unerhörte Heilssolidari-

tät, diese Teilnahme Gottes am menschlichen Leid, von der das letzte der Gottesknechtslieder spricht, unvorstellbare Wirklichkeit. „Er hat unsere Krankheiten getragen und unsere Schmerzen auf sich geladen ... Durch seine Wunden sind wir geheilt" (Jes 53, 4–5). Hier zeigen sich auch schon die Umrisse der Schalom-Verwirklichung.

Das Geheimnis der heilenden Nähe und Macht Gottes ist überaus vielschichtig. Es bleibt immer ein Geheimnis, das unsere Begriffe und Bilder nur umkreisen können. Dem theologischen Nachdenken stellen sich eine Fülle von Ansatzpunkten und Gesichtspunkten. Wir müssen über Schalom und Gesundheit/Heilung nachdenken im Blick auf Schöpfung, Sündenfall, Erlösung. Zentral sind auch das Geheimnis der Menschwerdung des Wortes Gottes und das Verständnis von Versöhnung. Höchst bedeutsam sowohl im Alten wie im Neuen Testament ist das Geheimnis der göttlichen Vorsehung. Es wirkt Gottvertrauen, Mut, Geduld und Ausdauer im Leiden, während die Lehre von Schöpfung und Sündenfall vor allem für den erlösungsbedürftigen Menschen, der an Erlösung glaubt, ein Ruf zu Verantwortung ist. Entscheidend ist vor allem die Sinnerhellung von Leiden und Tod[20].

2. Der Heiland: Er, der Heil bringt und heilt

Der Brennpunkt für all unsere Überlegungen über Heilsverkündigung und Heilen ist Jesus Christus, der Heiland, der das lebendige Evangelium vom Heil und von der heilenden Liebe ist. Jesus empfindet den Auftrag, das Reich Gottes und das Heil zu verkünden, als

26

vorrangig. „Laßt uns weitergehen in die benachbarten Dörfer, damit ich auch dort predige; denn dazu bin ich gekommen" (Mk 1,38). Aber der folgende Bericht über die Predigt Jesu ist randvoll von Aussagen über das heilende Mitleid, vom Austreiben der Dämonen und vom Heilen.

Immer wieder lesen wir bei den Evangelisten Texte wie den folgenden: „Er verkündete das Evangelium vom Reiche Gottes und heilte alle Krankheiten und Leiden" (Mt 9,35). Wiederholt heilt er, zum Ärgernis von Gesetzeslehrern, am Sabbat. Er macht damit klar, daß kein Gesetzeskult die zum Heilen drängende Liebe verdecken oder behindern darf.

Besonders hervorstechend sind die Heilungen von Aussätzigen. Er berührt sie, durchbricht ihre Absonderung. Er befreit sie von dem damals allgemeinen Verdacht, daß sie ganz besonders große Sünder seien. Er räumt überhaupt mit dem Vorurteil jener Gesellschaft auf, die glaubte, die Kranken von vorneherein aburteilen zu dürfen als Menschen, die Gott bestraft (vgl. Joh 9,1–3).

Aber im Gesamt des Wirkens Jesu wird auch deutlich, daß Befreiung von Sünde, göttliches Verzeihen und Versöhnen eine heilende Macht ist. So spricht er zum Gelähmten, der um Heilung bittet: „Hab Vertrauen, deine Sünden sind dir vergeben" (Mt 9,2 und Parallelen).

Die Heilung von Blinden, Lahmen, Stummen, Aussätzigen ist auch symbolisch sinnträchtig, aber es sind wirkliche Heilungen und als solche Zeichen, daß das Gottesreich gekommen ist. Als Johannes der Täufer Boten zu Jesus schickte mit der Frage: „Bist du der, der kommen soll?" heißt es: „Damals heilte Jesus viele Menschen von ihren Krankheiten und Leiden, befreite sie von bösen Geistern und schenkte vielen Blinden das Augenlicht. Er antwortete den beiden Boten: Geht und berichtet Johannes, was ihr gesehen und gehört habt: Blinde sehen wieder, Lahme gehen, und Aussätzige werden rein, Taube hören, Tote stehen auf, und den Armen wird das Evangelium verkündet" (Lk 7,20–22; vgl. Mt 11,2–6). Bedeutsam ist vor allem die innige Verbindung von der Verkündigung der Frohbotschaft an die Armen und das heilende Wirken Jesu.

Ein wichtiger Aspekt, der sich in allen Evangelien findet, besonders aber von Lukas, dem „Arzt", hervorgehoben wird, ist das Staunen des Volkes und der Lobpreis Gottes. „Sie waren erstaunt und priesen Gott" (Mt 15,31; vgl. Lk 7,16). Wir dürfen vor allem im Blick auf das Lukasevangelium wohl sagen: das Heilen Jesu kommt erst eigentlich zum Tragen, wenn die Menschen von der Undankbarkeit befreit sind und Gott preisen. Damit ist aber auch gewöhnlich das Weiterkünden, das Bekanntmachen der heilenden Liebe Jesu verbunden.

Zahllos sind die exegetischen Studien, die auf die Frage zu antworten suchen, was waren und bedeuten die Wunder Jesu? Sicher waren sie gerade das nicht, was die vielen Wundergeschichten der heidnischen Religionen jener Zeit sein wollten: sie waren keine Schauwunder. Jesus weist den Versucher, der ihn zu einem Schauwunder veranlassen will, energisch zurück. Das gleiche ist auch ausgedrückt, als Jesus den Pharisäern und Sadduzäern antwortete, die zu ihm kamen, „um ihn auf die Probe zu stellen. Sie baten ihn: Laß uns ein Zeichen vom Himmel sehen. Er antwortete ihnen: diese böse und treulose Generation fordert ein Zeichen, aber es wird ihr kein anderes ge-

geben werden als das Zeichen des Jona" (Mt 16,1–4).
Dies ist für die Glaubenden das größte Wunder.

Die Heilwunder Jesu sind sicher auch Erweis seiner Vollmacht, aber ganz im Rahmen dessen, daß sie Erweis seiner barmherzigen Liebe, der Macht seiner gottmenschlichen Liebe waren. Er heilt wirklich aus Barmherzigkeit, aus Liebe und durch die Macht der Liebe. Schon die Wortwahl der biblischen Autoren ist bezeichnend: „Die Bibel hat für die Taten Jesu bewußt Worte des Außergewöhnlichen (taumasía = Wunderbares; téras = Wunder) vermieden und die alltäglichen Worte (érgon = Tat; dýnamis = Machttat; semeîon = Zeichen) verwendet."[21]

Das heilende Tun und das Austreiben der Dämonen während der öffentlichen Tätigkeit Jesu sind vor allem Zeichen des hereinbrechenden Gottesreiches und des sich anhebenden Sieges über das Reich des Bösen, über Satan[22]. Es ist noch nicht die Zeit des vollen Endsieges. Jesus selbst hat noch Leiden und Tod entgegenzugehen und auch seine treuesten Jünger werden durch die Feuerprobe des Leidens gehen müssen.

Die Heilungen sind ein prophetisches Zeichen des Endsieges. Nicht alle Kranke, auch nicht alle, die großes Vertrauen in Jesus setzen, werden geheilt. Aber allen Kranken, die sich gläubig Gott übergeben, wird Anteil an dem Sieg Jesu über das Reich des Bösen gegeben. Den Gläubigen allen, die sich mit Vertrauen Gott übergeben, wird im Blick auf Jesus jener Sieg über Krankheit, Leid und Tod geschenkt, der wesentlich zum Sieg Jesu über das Reich des Bösen gehört. Krankheit und Tod sind für sie nicht mehr verflochten mit dem Reich Satans. Sie werden vielmehr mit einer neuen Sinnfülle geladen und hineingenommen in die Dynamik des Heiles. Sie stehen nicht mehr in der Verflochtenheit mit der Unheilssolidarität, sondern können und sollen zu Zeichen und Trägern der in Christus gekommenen Heilssolidarität werden.

Aber es ist doch sehr wichtig, zu beachten, daß sich Christus nicht damit begnügt, uns den neuen Sinn des Leidens und Sterbens zu erschließen, sondern auch machtvoll Kranke heilt und Tote zum Leben erweckt. Seine Boten, die das Heil verkünden sollen, dürfen die Leidenden nicht einseitig auf das Leben im Jenseits vertrösten. Sie müssen in der Kraft der Liebe und des Glaubens, durch vertrauensvolles Gebet und Treue zu den empfangenen Charismen Kranke heilen. Das Ja zu der neuen von Christus eröffneten Sinngebung für Leiden, Krankheit und Sterben kann und darf nicht von der heilenden Liebe Christi getrennt werden.

Es wird überaus deutlich: Jesus ist ein Freund der Kranken. Die Begegnung mit ihm, sein Zugehen auf die Menschen, der Vorschuß an Vertrauen, den er Kranken und Sündern schenkt, wirkt heilend. Bei ihm fühlen sich Kranke und sogar stadtbekannte Sünder nicht diskriminiert oder verachtet. Er ist ja nicht gekommen, um zu richten, sondern um zu heilen (Joh 3,17; 12,47). Er ruft alle zur Bekehrung, und alle sollen vertrauensvoll spüren: „Nicht die Gesunden brauchen den Arzt, sondern die Kranken" (Lk 5,31). Die Heilsgemeinde, die Jesus stiftet, ist vor unnötigem Richten gewarnt und zu Heilssolidarität berufen. „Wenn darum ein Glied leidet, leiden alle Glieder mit" (1 Kor 12,26). Keiner ist allein im Leiden, und keiner braucht sich zu sagen, daß gerade er ausgesucht wurde für das Leiden. Leidet er als Erlöster, vereint mit Christus, dem Gekreuzigten, so weiß er, daß er damit auch einen Heilsdienst erfüllen kann. Christus befreit seine Jünger, die krank sind und leiden, von der falschen Frage, „Warum gerade ich?", und erleuchtet sie auf dem Weg der sinnvollen Frage, „Wie kann ich das Heilbare heilen und dem unheilbaren Aspekt einen von Gott gewollten Sinn geben?"

Christus, der für uns gestorben ist, hat uns nicht von dem physischen Tod befreit, aber er bewahrt uns vor sinnlosem Sterben und sinnloser Todesfurcht (vgl. Röm 8,2). Wenngleich wir keine göttlichen Verheißungen haben, daß wir von jeder Krankheit geheilt werden, so dürfen wir uns doch vertrauensvoll an Gott wenden, mit der Bitte um Gesundung, wenn das zu unserem Besten sein sollte. Aber wir haben stets die Verheißung, daß geduldiges Ertragen unserer Leiden und Krankheiten von der Ewigkeitshoffnung umfangen ist. Kein in der Nachfolge Christi ertragenes Leiden ist unfruchtbar. So wissen wir den göttlichen Heiland immer auch als den Heilenden gegenwärtig. Er ist immer bereit und mächtig, uns gesund zu machen im Sinne von gesunden Beziehungen zu Gott, zum Nächsten, zur Heilsgemeinschaft, zu uns selbst.

3. Christus: unser Erlöser

All das Gesagte verweist auf Christus, unseren Erlöser. Nichts, außer dem halsstarrigen, bösen Willen, ist von der Erlösung ausgeschlossen. In Menschwerdung, Erlösung und Geistsendung ist die menschliche Natur im Vergleich zum Wunder der Schöpfung noch wunderbarer wieder hergestellt. Lassen wir uns durch Gnade und Glauben Christus einverleiben, so werden wir gesunde Glieder des Leibes Christi, ein Heilbrunnen füreinander in Christus. Als Erlöste dürfen wir miterlösen und Licht der Welt werden. Leiden, Tod und Krankheit sind von jeglicher Sinnlosigkeit befreit.

Auch als Erlöste seufzen wir noch. Wir verspüren es auf stets neue Weise, daß die Schöpfung der Vergänglichkeit unterworfen ist (Röm 8,20). Wir leiden unter einer ungesunden Umwelt, unter unzulänglichen Strukturen der heilenden Dienste, unter vielen kulturellen, sozialen und politischen Zwängen, nicht zu reden von unseren eigenen psychischen Zwängen und Schatten. Doch durch seine Kirche, vor allem durch die Art, in der ihre Heiligen sich mit all dem auseinandergesetzt haben und durch den Geist der Wahrheit, den uns Christus sendet, läßt er uns Befreiung und Erlösung erfahren auch inmitten der Zwänge. Wir brauchen uns von keinen Götzen beherrschen zu lassen, auch nicht vom Götzen einer falschen Erwartung auf „Gesundheitsbelieferung" durch die technisch-naturwissenschaftliche Medizin.

Doch als Erlöste wissen wir uns auch gesandt, an der Gesundung des Menschen und seiner Umwelt mitzuwirken, soweit dies in unseren Kräften steht. Der Glaube an den Erlöser und die von ihm gewirkte Erlösung hat uns nicht weniges zu sagen über die wahren Wege zur Gesundung. Wir wissen um die Heilung von Innen her, durch totale Bekehrung, durch die neue Ausrichtung unseres Lebens auf Christus, den Erlöser aller, des ganzen Menschen und der ganzen Welt. Es gilt, das Unheile in unserem Leben und die unheilen Situationen der Welt in Kontakt zu bringen mit dem erlösenden, befreienden und heilenden Tun Christi.

4. Christus: der Versöhner und Friedenstifter

Alle drei synoptischen Evangelien berichten fast gleichlautend die Heilung eines Gelähmten, bei der Jesus selbst deutlich eine Verbindung zwischen heilendem Wirken und Sündenvergebung heraushebt. „Mein Sohn, deine Sünden sind dir vergeben!" Und den verwunderten Schriftgelehrten erklärt Jesus: „Ist es leichter zu dem Gelähmten zu sagen: Deine Sünden sind dir vergeben!, oder zu sagen: Steh auf, nimm deine Tragbahre und wandle? Ihr sollt aber erkennen, daß der Menschensohn Vollmacht hat, hier auf Erden Sünden zu vergeben" (Mk 2,9–10). Im folgenden Abschnitt erregt Jesus die Gemüter, weil er mit Zöllnern und Sündern Mahl hält. Die Antwort ist: „Nicht die Gesunden brauchen den Arzt, sondern die Kranken" (Mk 2,17). Die Sünder, die er versöhnt und zum messianischen Mahl einlädt, sind für ihn Kranke. Durch Vergebung und Versöhnung werden diese heimkehrenden Sünder in ihren innersten Beziehungen zu Gott, zur Heilsgemeinschaft, zu Jesus, dem göttlichen Arzt, und zu sich selbst geheilt. Sie werden neue Menschen mit neuen Lebensqualitäten.

Christus, der Versöhner, spricht denen, die demütig und gläubig zu ihm kommen, den messianischen Frieden zu. Die mit dem Friedensgruß versöhnten Apostel werden in der Kraft des Heiligen Geistes gesandt, Vergebung und Frieden zu bringen (Joh 20,19–22). Jene, die die Vergebung und den Frieden des Herrn dankbar annehmen, werden selbst vergebende, friedenstiftende Menschen. Christus, der Versöhner, lehrt uns beten: „Vergib uns unsere Schuld, wie auch wir vergeben unseren Schuldnern" (Mt 6,12). Auf vielfältige Weise lehrt Jesus seine Jünger, daß jene, die die rettende Gerechtigkeit und Barmherzigkeit Gottes erfahren haben, davon geprägt, selbst herzliches Erbarmen zeigen und von Herzen allen verzeihen, die ihnen Unrecht getan haben.

Es besteht eine sehr umfangreiche Literatur, die aufzeigt, wie das Nicht-Verzeihen-Wollen nicht nur heile Beziehungen zu den Mitmenschen unmöglich macht, sondern auch den, der Groll und Ressentiment in sich nährt, zutiefst versehrt und schuld ist an vielen psychischen und sogar somatischen Erkrankungen, z. B. Herzkrankheiten und sogar Krebs. Auf jeden Fall hat es sehr viel Einfluß auf die Genesungsaussichten[23]. Es ist ein altes Sprichwort: „Was kränkt, macht krank." Ein Gedächtnis, das ganz besetzt ist von grollenden Erinnerungen, die immer wieder aufgefrischt und aufgetischt werden, ist ernstlich krank und wird zur Ursache vieler Krankheiten für den Betreffenden und seine Umwelt. Christus, der Heiler, hat uns nicht umsonst so nachdrücklich gelehrt, wie entscheidend für unser Heil und unseren Frieden das Verzeihen, Vergeben und Versöhnen ist.

Diese Wahrheit gehört auch zum rechten Verständnis des Sakramentes der Versöhnung. Gerade hier können wir Christus, dem Heiland, durch den Dienst der Kirche begegnen.

Durch den Unfrieden zwischen den Nationen, den sozialen Klassen, durch eine sinnlose Rüstung, vor allem durch die atomare Bedrohung sind Menschen verängstigt, wird Groll, Haß und Feindschaft gesät. Bloße diplomatische Verhandlungen, so wichtig sie sind, lösen die Probleme nicht. Diese Wunde, diese weltweite Krankheit kann von der Wurzel her geheilt werden, wenn die Jünger Christi mit allen Menschen guten Willens das Heilmittel gebrauchen, das der gott-menschliche Versöhner bereitet hat und anbietet. Mahatma Gandhi hat es im Sinn der Bibel als Satyagraha beschrieben, die heilende Wahrheit, durch die der Gegner zum Gegenüber wird. Das Ziel ist nicht, ihn zu vernichten, ja nicht einmal, über ihn zu siegen, sondern gemeinsam das Fest der Versöhnung zu feiern und als Versöhnte dem Frieden und der Gerechtigkeit zu dienen. Im gewaltfreien Widerstand wird das Grundübel angegangen, der Haß, das entehrende Feindbild, die Gier nach Macht und Sieg über andere. Auf diesem Feld liegen heute wohl die bedeutendsten Aufgaben der Heilsverkündigung und des Heilens, und zwar auf allen Ebenen. In diesem Verstehenshorizont sollten wir die Worte des Apostels neu überdenken: „Wenn jemand in Christus ist, dann ist er eine neue Schöpfung. Das Alte ist vergangen, Neues ist geworden. Aber das alles kommt von Gott, der uns in Christus mit sich versöhnt hat und uns den Dienst der Versöhnung aufgetragen hat. Ja, es war Gott, der in Christus die Welt mit sich versöhnt hat, indem er den Menschen ihre Verfehlungen nicht anrechnete und uns das Wort der Versöhnung zur Verkündigung anvertraute" (2 Kor 5,17–19).

In diesem Lichte werden wir uns noch näher zu befassen haben mit der Kirche als Gemeinschaft der Versöhnten und zu Versöhnenden, als Heilsgemeinschaft in versöhnter Einheit, und gerade so auch zum Heilen berufen.

Mit größter Sorgfalt sollte die Heilkraft recht verstandener Gewaltfreiheit erforscht und gelebt werden.

5. Der Geist Christi: der Lebenspender, der die inneren Kräfte weckt

Gesundheit kann nicht „geliefert" werden. Auch Christus liefert sie nicht. Er ruft uns zu sich, läßt uns seine heilende Liebe spüren. Aber Heilung will uns von innen ergreifen. Gesundheit ist nicht eine gegebene, statische Größe. Wir sind durch Christus auf dem Weg zu Gesundheit, Ganzheit, Frieden und Heil. Wir müssen uns im Vertrauen auf ihn ständig mit allen Mächten des Bösen und auch mit Krankheit individueller und sozialer Art auseinandersetzen. Aber durch Gottes Gnade kann diese Auseinandersetzung segensreich werden. Vom Schöpfer und Erlöser her liegt ein großes Gesundheitspotential in unserer Natur. Der heilende Dienst der heilenden Berufe und ganz besonders auch der Kirche ist es, dieses Heilungspotential aufzurufen. Es gilt die inneren Kraftquellen zu entdecken. Im Innern jedes Menschen wohnt ein Arzt. Albert Schweitzer gibt darum die treffende Mahnung: „Wir sind am besten, wenn wir dem Arzt, der in jedem Patienten wohnt, Gelegenheit geben, an die Arbeit zu gehen." [24]

Im Lichte Christi erkennen wir in den inneren Kraftquellen des Menschen das Wirken des Schöpfergeistes. Und wenn der Mensch aus dem Glauben an Christus, den Heiland, sich zu einem dem Evangelium entsprechenden Lebensstil entschließt, auf Gott vertraut und verantwortlich handelt, so dankt er dies dem von Christus verheißenen Heiligen Geist. Wir preisen sein Wirken, seine Gaben, seine Früchte, indem wir einander helfen, im Vertrauen auf das Wirken des Heiligen Geistes diese Kraftquellen zu entdecken.

6. Jesus: der Eckstein oder Stein des Anstoßes

Reden wir von Christus, dem Bringer des Heiles und dem Heilenden, so dürfen wir nicht der Wahrheit ausweichen, daß Christus durch sein Kommen, durch seine Frohbotschaft und sein Heilen, die Menschen in *Krise* bringt. Er ist das Sakrament der rettenden und richtenden Gerechtigkeit Gottes. Wer sich weigert, sich von ihm retten und heilen zu lassen, stürzt in tieferes Unheil. Gerade durch die vollkommene Synthese von Heilsverkündigung und Heilen stellt Jesus die Menschen, die Kranken und Sünder, die er heilt, und alle, die Zeugen sind, vor die Entscheidung. Diese fällt entweder in dankbarem Glauben oder in undankbarer Verweigerung des Glaubens.

Jesus selbst ist das Urbild und die Urquelle des Glaubens, der Heil und Heilung wirkt. Im Glauben nimmt Jesus, der Menschensohn, seine Sendung an, im Vollzug der Heilsverkündigung und des Heilens die Last der andern, dieser Kranken, dieser sündigen Welt, auf sich zu nehmen. Im Zugehen auf die Kranken, in der Umarmung der Aussätzigen geht er bis zum äußersten, um die Liebe des Vaters und seine rettende Gerechtigkeit sichtbar zu machen, in der demütigen Bereitschaft, dabei Widerspruch und bitterstes Leiden auf sich zu nehmen. Im Hinhören auf den Hilferuf der Kranken und Blinden, „Jesus, Sohn Davids, hab Erbarmen mit uns!", gehorcht er dem Vater.

Die Kranken, die von Jesus geheilt werden, erfahren nicht nur leibliche Wiederherstellung, sondern volle Heilsverkündigung, volles Heilsangebot von der allumfassenden Liebe. Die entscheidende Frage ist nun, ob sie im Glauben ihr echtes „Amen" sagen. Bleibt einer ganz gefangen in seiner Besorgtheit für seine Gesundheit und sein leibliches Wohlergehen, so verschließt er sich auf diese Weise der Offenbarung der *Liebe,* die ihm Heil und heile, heilende Beziehungen anbietet. Jesus kann ihm nicht sagen: „Dein Glaube hat dich gerettet", wie er es dem Aussätzigen sagen kann, der dankend und Gott preisend zu ihm zurückkehrt.

Nicht nur der Kranke, dem sich Jesus in seiner machtvollen, heilenden Liebe zuwendet, sondern auch alle, die Augenzeugen sind und es vom Geheilten oder von Augenzeugen erfahren, sind damit zur Entscheidung gerufen. Und da in Jesus Heilsverkündigung, Heilsangebot und helfend-heilendes Tun unzertrennlich verbunden sind, kann die Entscheidung, vor die er die Menschen stellt, nicht eine Entscheidung entweder nur für Gesundheit des Leibes oder nur für jenseitiges Seelenheil sein. Der von Jesus gewollte Ausgang der Krise ist die Entscheidung zum vollen Heil, zu heilen Beziehungen mit Gott, mit den Mitmenschen, zum hier anbrechenden und ewig dauernden Reich der rettenden und heilenden Liebe.

Wird jedoch das so eindringlich geforderte „Amen" des rechten Heilsglaubens verweigert, so sinkt der Kranke beziehungsweise seine „kranke" Umgebung auf eine tiefere Stufe des Unheils und unheiler Beziehungen herab. Auch seine Gesundheit beziehungsweise sein Kranksein wird den Unheilsmächten ausgeliefert.

III. Sendung der Kirche als Teilnahme am Heilsgeheimnis Christi: Biblische Sicht

Wollen wir die umfassende Sendung der Kirche, ihr Wesen und ihr Ziel, verstehen, so müssen wir uns in erster Linie darüber klar werden, daß es sich um mehr als um einen äußeren Auftrag handelt, sondern vor allem um eine geheimnisvolle Teilnahme am Heilsgeheimnis Christi. Und dazu gehört eine innere Angleichung an Christus, gerade auch im Blick auf die Kraftquelle seines Heilens und seiner Heilsvermittlung. Christus erfüllt seinen Doppelauftrag – Offenbaren und Heilen – auf eine ganz unerwartete Weise: 1. kraft einer ganz neuen prophetischen Art der Autorität, die auch für die Kirche maßgebend ist[25]; 2. sein Heilbringen und sein Heilen erfließen nicht zuletzt aus seiner Bereitschaft, äußerstes Leiden und äußerste Verdemütigung zu erdulden. Je mehr sich die Apostel und Propheten des Neuen Bundes, ja das ganze neutestamentliche Gottesvolk, lebenswahr der Demut und Leidensbereitschaft Jesu angleichen, um so mehr können sie in reichem Maß am Werk der Heilsoffenbarung und des Heilens teilnehmen. Es genügt demnach nicht, den Auftrag zu verstehen. Es ist nicht weniger nötig, die innere Angleichung als Voraussetzung zu verstehen und zu vollziehen. Die Treue im Vollzug der Sendung hängt wesentlich von der Treue im Vollzug der inneren Angleichung an Christus, den Propheten, Heilbringer und Heiland ab.

1. Die erlösende und heilende Autorität

Die Vollmacht und Autorität Jesu als Offenbarer, Heilbringer und Heiler ruht ganz auf seinem demütigen Gehorsam gegenüber dem Vater und dem Heiligen Geist, der bei der Taufe im Jordan auf ihn herabstieg und ihm die vollste Heilssolidarität mit der erlösungsbedürftigen Menschheit aufträgt. Vom Geist läßt er sich in die Wüste führen, um zu fasten und den Kampf gegen die gefährlichsten Versuchungen Satans durchzustehen. Er weist den Weg zu Heil und Heilung im entschiedenen Nein zur Verlockung materieller Sicherung, zur Schaureligion und jeder Eitelkeit und nicht zuletzt in heftiger Zurückweisung einer Macht und Autorität, die ihm der „Fürst dieser finsteren Welt" anbieten will. Vom Heiligen Geist ermächtigt, wählt Jesus die Armut irdischer Mittel und vor allem den für das hereinbrechende Gottesreich entscheidenden Stil der Autorität: die Autorität des „Gottesknechtes", des Dieners der Armen, Verachteten, Ausgestoßenen, der Unterdrückten, der Kranken, ja des Dieners aller. Durch diese Entscheidung treibt Jesus die bösen Geister aus; er verjagt Satan.

Das ganze Menschengeschlecht ist in allen grundlegenden Beziehungen krank geworden unter dem Einfluß der „Fürsten und Gewalten, der Beherrscher dieser finsteren Welt" (Eph 6,12), die die Atmosphäre menschlichen Daseins verpesten durch einen Herrschaftsstil, der die Menschen ausnützt, entmündigt und geringschätzt. Die alten Herrschaftsstrukturen sind Ausdruck der Überheblichkeit und wirken sich besonders vergiftend aus, wenn man sie im Namen der Religion ausübt und sakralisiert. Das Kommen des Reiches Gottes in der messianischen Zeit offenbart sich nicht zuletzt in einer ganz neuen heilenden Gestalt der Autorität. Jesus selbst ist ihre Verkörperung, ihre Fleischwerdung. Er weiß sich vom Vater gesandt und vom Geist gestärkt und so mit der Autorität des Dieners aller bekleidet.

Das Evangelium hebt diesen Zug nachdrücklichst hervor. Schon das Herabsteigen des Geistes auf Jesus, während die Stimme vom Himmel erschallt, „Du bist mein vielgeliebter Sohn" (Lk 3,22), erinnert an den Gottesknecht des Deutero-Jesaja (Jes 42,1), an dem Gott sein Wohlgefallen hat. Bald darauf folgt die programmatische Erklärung Jesu in der Synagoge seiner Heimatstadt, wiederum im Sinne des vorherverkündeten Gottesknechtes, der sich zum Heilen der Kranken und zum Befreien der Unterdrückten gesandt weiß (Lk 4,18-21). Unmittelbar darauf beginnt er mit dem Verkünden der Heilsbotschaft, begleitet vom Heilen der Kranken.

Worauf es hier vor allem ankommt, ist jedoch, daß Jesus alsbald damit beginnt, seine Apostel und Jünger für die Teilnahme an seiner Sendung als Verkünder der Heilsbotschaft und Heiler der Kranken einzuschulen: er verlangt von ihnen die gleiche Einfachheit des Lebensstiles, die gleiche Entscheidung zum Dienen (Lk 9,3; 10,3 ff.). Ihr Verhalten soll zeigen, daß sie sich nicht des Menschensohnes in seiner freien Entscheidung für die Autorität der Demut schämen.

Den Zweiundsiebzig, die bei ihrer Rückkehr von der ersten Sendung als Heilsverkünder und Heiler frohlockend berichten, daß ihnen sogar die bösen Geister gehorchen mußten, sagt Jesus, daß sie viel mehr Grund zur Freude haben, weil ihre Namen im Himmel verzeichnet sind (Lk 10,17-20). Dies bedeutet eine ganz neue Existenzweise, ähnlich der Jesu, der als der Diener aller den himmlischen Grundplan vollzieht. Dies wird ganz besonders deutlich in dem unmittelbar folgenden Jubelruf Jesu und der anschließenden Erklärung. Der Vater offenbart seinen Heilsplan den Kleinen, Demütigen; zuallererst seinem geliebten Sohn und Knecht Jesus und wem ihn Jesus weitergeben will: den Kleinen, die sich dem Gottesknecht, dem Diener aller, angleichen (Lk 10,21–24). Bekleidet mit der Autorität des demütigen Dieners können sie „sehen", verkünden und heilen.

Diese Belehrung und Einführung in das Heilsgeheimnis der neuen Art von Autorität findet vor allem statt, als Jesus seine Reise nach Jerusalem vollzieht mit dem klaren Blick auf die letzthinnige Offenbarung seiner rettenden Autorität als Gottesknecht in seiner Passion.

Es geht bei dieser Belehrung und der von Jesus verlangten Gleichgestaltung mit ihm zunächst um die Heilung seiner Jünger von geistlicher Blindheit. Die Weisen und Mächtigen dieser Welt, die sich dem alten Herrschaftsstil verschrieben haben, lassen sich von dieser Art Blindheit nicht heilen. Die von Jesus gesandten Heilsboten dagegen, die sich Jesus angleichen, werden zu „Sehenden", zu Propheten und Heilern, zu Zeugen und Mitträgern seiner heilenden Autorität und seiner absoluten Einfachheit. Ohne diese Angleichung würden auch sie blind bleiben und unfähig, den Auftrag der heilenden Liebe zu erfüllen.

Jesus weiß sich gesandt, die Heilsbotschaft des in ihm hereinbrechenden Reiches Gottes den Armen, den Elenden, den Bettlern zu bringen, die sich als Sünder erkennen, die des Erbarmens Gottes bedürfen. Er erfüllt diese seine Sendung gerade auch da-

durch, daß er arm und – im Sinn der alten Autoritäts-
strukturen – schwach wird, Einer-unter-ihnen, ausge-
nommen die Sünde. Für die heilkräftigen Propheten
und Heilsboten des Neuen Testamentes ist es darum
wesentlich, daß auch sie Bettlern gleich werden, ohne
versichernde Rücklagen und ihrer eigenen Sündhaf-
tigkeit und Erlösungsbedürftigkeit voll bewußt, um
so die Ärmsten und Elendesten zum messianischen
Mahl einladen zu können, um für sie transparent zu
werden im Blick auf die heilende Macht Jesu und seiner neuen Art von Autorität.

Für das Evangelium des Lukas steht die Tatsache,
daß die Armen kraft der erlösenden Autorität des
Gottesknechtes die Heilsbotschaft und das Heil empfangen, im Vordergrund; die Heilung der Kranken
dagegen wird zu einem privilegierten Zeichen jenes
grundlegenden Wandels[26]. Mit Joachim Jeremias
zieht Paul S. Minear die Folgerung, die sich aus der
Art und Weise ergibt, in der Jesus seine erlösende und
heilende Macht erwies: Da sich das Heilsangebot zusammen mit seiner heilenden Kraft an Bettler und
Sünder richtet, müssen sich die von Jesus erlösten
und auserwählten Propheten, die Verkünder des
Heils und Träger heilender Macht und Liebe, demütig auf die Seite der Bettler und Sünder stellen, sie in
Demut einholen und übertreffen[27].

In dieser Sicht wird die Absicht der Erzählung von
der erschütternden Unfähigkeit der Jünger Jesu, den
Epileptiker zu heilen, deutlich (Lk 9,37–40). Es steht
noch eine große Perversität im Wege: die Jünger, einschließlich Petrus, konnten und wollten die Sendung
Christi als des demütigen Gottesknechtes und die
Notwendigkeit ihrer Selbstverleugnung und Gleichgestaltung mit ihm noch nicht fassen. Mit großem

Schmerz ruft daher Jesus aus: „O du ungläubiges und verkehrtes Geschlecht! Wie lange muß ich noch bei euch sein und euch ertragen?" (Lk 9,41). Die gleiche Verkehrtheit kommt noch einmal beim letzten Abendmahl erschreckend zum Vorschein: „Es entstand unter ihnen ein Streit darüber, wer von ihnen als der Größte zu gelten habe." Jesus belehrt sie nochmals durch Beispiel und Wort: „Ich aber bin unter euch wie der, der bedient" (Lk 22,24–27).

Fragen wir uns im Lichte des Lukasevangeliums über die Ursachen der lang dauernden Krisis der Heilsverkündigung und des heilenden Dienstes der Kirche, so darf es kein Ausweichen in die bloße Frage nach neuen Strategien und Methoden geben. Wir müssen uns alle zuerst der Frage stellen, wie es um unsere Gleichgestaltung mit dem Gottesknecht und seiner Autorität der Demut steht. Wir müssen die Absage an die schlimmste Versuchung Satans ungemein ernst nehmen; es ist eine der erschütterndsten Wahrheiten des Evangeliums, daß Jesus, der Sanftmütige und Demütige, die Versuchung Satans zu einem falschen Macht- und Autoritätsverständnis mit solchem Zorn zurückweist und daß er dem von ihm erwählten Autoritätsträger Petrus die gleichen Worte entgegensetzte, als dieser von der spezifischen Sendung des leidenden Gottesknechtes nichts wissen wollte: „Weg mit dir, Satan! Du willst mich in Versuchung führen" (Mt 16,23, vgl. 4,10).

Um die schrecklichen Wunden zu heilen, die der überhebliche Autoritätsgebrauch der Menschheit zugefügt hat, müssen wir uns vor allem mit der Demut und dem demütigen Herrschaftsstil des Gottesknechtes versöhnen. Um die Kranken zu heilen und die Pflege heiler und heilender mitmenschlicher Beziehungen zu fördern, müssen wir selbst von jeder Überheblichkeit im zwischenmenschlichen Umgang, auf dem Gebiet von Wirtschaft, Kultur und Politik geheilt werden. Dies gilt aber zu allermeist auf dem Gebiet der Religion, im Leben der Kirche.

2. Teilhabe am Erlöserleiden Christi

In einem tief mystischen und realen Sinne ist Jesus, während er das Heil verkündet und die Kranken heilt und seine Jünger in das Geheimnis des Heils und der heilenden Liebe einführt, immer schon auf dem Weg nach Jerusalem, damit sich an ihm dort das Los aller Propheten erfülle (vgl. Mt 23,37–39) in seinem Erlöserleiden. Seine Passion, sein Tod und seine Auferstehung werden zur unversieglichen Quelle des Heils und der heilenden Liebe für alle Zeiten. Wir können nicht sinnvoll an das Mitleid Jesu im Vollzug seiner Heilungen und seiner Heilsverkündigung denken, ohne an sein Mitleiden bei Heilungen und an die Vollendung seines Leidens in Jerusalem zu denken.

Jesus preist seine getreuen Jünger selig, weil sie schauen dürfen, was den Propheten des Alten Bundes verwehrt war, freilich nur, wenn sie klein und demütig werden wie Kinder (Lk 10,21–24; Mt 13,17); aber Jesus erwartet auch, daß seine Jünger und Gesandten frohlocken können, wenn sie an seinem Los und dem Los aller Propheten teilhaben und Verfolgung leiden um seines Namens willen (Mt 5,10–12). Hierin soll sich ihre Gleichgestaltung mit der „beata passio" und der Auferstehung Christi widerspiegeln.

Durch sein wirksames Mitgefühl mit den Leidenden, Kranken und Sündern während seiner Verkündigung der Heilsbotschaft und seines heilenden Tuns offenbarte uns Jesus das wahre Antlitz des Vaters. Eben diese Offenbarung erreicht ihren Höhepunkt, wenn Jesus am Kreuz das letzte „Abba", Vater, seines irdischen Lebens spricht in der Bitte um Verzeihung für die Kreuziger und in der Übergabe seines Lebens in die Hände des Vaters. Im höchsten Leiden ereignet sich auch der Gipfelpunkt des Mitleids.

„Vermittels der Teilnahme an den messianischen Leiden erfahren die Jünger Christi die machtvolle Gegenwart der neuen Ära im erlösenden Handeln Jesu."[28] Durch die Vereinigung sowohl mit dem Mitleid wie mit dem Leiden Christi werden auch die Leiden seiner Jünger zu einer Quelle ihres heilenden Tuns im Vollzug ihrer Sendung der Heilsverkündigung. Sie nehmen teil an der Heilkraft der leiderprobten Liebe Jesu. Minear faßt dies so zusammen: „Die Heilkraft des messianischen Leidens oder, genauer, die göttliche Kraft, die durch jenes Leiden freigesetzt ist, unterscheidet die Dämonenaustreibungen und Heilungen des Neuen Testamentes grundlegend von den antiken hellenistischen Wundergeschichten wie auch von gewissen modernen Vorstellungen von ‚faith-healing' der Revival-Prediger."[29]

Nur das Eintreten in das Heilsgeheimnis, worin menschliche Schwachheit in Vereinigung mit dem messianischen Leiden Jesu zum Kanal der Macht Gottes wurde, können wir einigermaßen erahnen, was es heißt, daß ähnlich wie im Wirken Jesu auch bei seinen Jüngern der Heilsverkündigung eine heilende Kraft innewohnt und wie ihr heilendes Tun auf die Offenbarung des Heilsgeheimnisses hinweist.

Sowohl die Freude der Heilsboten auch inmitten von Leiden und Verfolgungen wie auch der frohe

Lobpreis Gottes von seiten der Geheilten und der in heilen und heilenden Beziehungen lebenden Erlösten verweisen auf das Ostergeheimnis des Leidens und der Auferstehung. Dies ist auch ein Thema der Apostelgeschichte und der Paulusbriefe. Es wird immer wieder bestätigt im Leben großer Verkünder der Frohbotschaft und der Heiligen, denen das Charisma der Krankenheilung geschenkt war.

Die hier aufgezeigte biblische Sicht ist eine ernste Anfrage an die ganze Kirche. Sie kann dem Doppelauftrag der Heilsverkündigung und des Heilens nicht gerecht werden, ohne einzutreten in die leuchtende Wolke der messianischen Demut und des Leidens. Dabei geht es stets um sehr viel mehr als um ein auferlegtes Gebot oder um bloße Nachahmung, sondern um eine innerste Teilnahme am Geheimnis Christi, der das lebendige Evangelium und der gottmenschliche Arzt ist.

IV. Sendung der Kirche zu heilen: heutige Akzentsetzung

In der Theologie, sowohl in der Christologie—Soteriologie wie in der Ekklesiologie und speziell in der Theologie der Heilsverkündigung, wurde das Heilen weithin ausgeklammert[30]. Diese Frage scheint andern Provinzen reserviert zu sein. Aber so wird auch die Sicht der Heilsverkündigung, gemessen an der Heiligen Schrift, ungebührlich verkürzt.

Mir geht es hier gerade um die unauflösliche Zusammengehörigkeit von Heilsverkündigung, Feier der Heilssakramente, des Wesens der Kirche als Heilssakrament einerseits und der Heilung der Kranken – einschließlich heiler und heilender Beziehungen – anderseits.

Will die Kirche treu ihren Doppelauftrag erfüllen: das Heilsevangelium zu verkünden und die Kranken zu heilen, dann muß sie von Anbeginn auf die Menschen achten, denen zu dienen sie gesandt ist: Welche Sorgen und Anliegen bewegen diese Menschen? Dann folgt, daß die Kirche auf die Menschen zugeht in ihrer höchsteigenen Identität, in absoluter Treue zu ihrer integralen Sendung. Und diese umfaßt zweifellos auch einen spezifischen Dienst am Heil-sein, an der Gesundung und Heilung der Menschen sowie an der Weckung der Verantwortung aller für die Gesundung des öffentlichen Lebens.

1. Das Heil in seiner Ganzheit verkünden und sichtbar machen

Die Kirche muß das ganze Evangelium verkünden, sie selbst als Heilssakrament. Sie darf nicht nur vom Evangelium mit Worten sprechen, sondern ihre ganze Erscheinung, ihre Gestalt und ihr Tun sollen das Evangelium glaubwürdig und gewinnend verkünden.

Nach einer Epoche, in der die Kirche in ihrer Frömmigkeit und Verkündigung die vertikale Richtung einseitig betonte, besteht heute Gefahr einer horizontalen Einseitigkeit. Wir betonen: Das Heil, das von Gott kommt, zu Gott und seinem ewigen Reich führt, hat den Primat, aber so, daß dabei der Friede, das Heilsein, die Sorge für die Armen, Unterdrückten und Kranken nicht zu etwas Zweitgradigem herabgewürdigt werden. Je tiefer sie in der Ganzheit und aus der Ganzheit der Heilsverkündigung und Heilsbezeugung durch die Kirche sichtbar werden, um so vollständiger ist sowohl die transzendentale Schau wie die heilende Nähe zum Menschen unserer Zeit. Prioritäten setzen heißt nicht einer Dichotomie huldigen.

Die Lebenskraft der Kirche in ihrer menschlichen-sozialen Erscheinung hängt bis zu einem gewissen Maß davon ab, wie weit die Gesellschaft und Kultur, in der sie lebt, gesund ist, ob die Menschen in Kirche und Gesellschaft einen gesunden Lebensstil haben, ob eine gesunde öffentliche Meinung herrscht usw. Die Kirche ist darum in ihrem eigenen Interesse, das heißt im Interesse der bestmöglichen Erfüllung ihres Auftrages und ihres Zeugnisses, an der Heilung des öffentlichen Lebens, der Kultur, der Gesellschaft, der internationalen Beziehungen interessiert. Gesundheit und Friedensfähigkeit der Menschen in der Kirche und in der Umwelt der Kirche haben mit einer verständlichen und wirksamen Heilsverkündigung sehr viel zu tun.

Die Dichotomie zwischen Vertikalismus und Horizontalismus, die heutzutage in der Kirche so spaltend wirkt, kann nicht überwunden werden, wenn die Heilsverkünder und ihre Adressaten kein rechtes Bild von Gesundheit, Gesundheitsverantwortung und Heilen haben und wenn nicht spürbar wird, daß das verheißene Heil die Menschen von innen her gesünder, menschlicher macht, ihnen hilft im Suchen nach dem vollen Lebenssinn, nach Ganzheit und Integrität.

2. Die Kirche als versöhnte und versöhnend-heilende Gemeinschaft

Die Kirche ist Heilsgemeinschaft und Heilssakrament kraft der vom Herrn kommenden Versöhnung, einer Gabe, deren die Kirche stets neu bedarf, und einer Gabe, die Sendung bedeutet. Die Kirche kann wahre Einheit nur erreichen in versöhnter Vielfalt, und zwar um so mehr, je mehr die Vielfalt als Bereicherung, als Ausdruck der mannigfachen Gnadengaben Gottes und des Reichtums der vielen Kulturen verstanden und geschätzt wird.

Das Heilen, wie es von der Sendung durch Christus erfließt, ist nicht – oder wenigstens nicht in erster Linie – etwas, was die Kirche an einzelne, an eine Berufsgruppe oder an Institutionen delegieren kann. Sie muß als Gemeinschaft ein heilender Faktor sein. Wenn z. B. eine lateinisch-westliche Kirche ihre Sprache und Kultur zur Richtschnur aller Kulturen machen will, so wird die lateinisch-westliche Kultur dadurch kränker, einseitiger, anmaßender und spaltender. Die Kirche selbst verarmt kulturell und wird immer unfähiger, sauber zu unterscheiden, was das von Gott kommende Glaubensgut ist und was kulturell bedingte, immer zu vervollkommnende und zu übersetzende Ausdrucksformen sind. Die Kirche verdunkelt und schmälert so ihre Sendung, alle Kulturen zu versöhnen, sie zu einem Dialog und Austausch in gegenseitiger Achtung und so zum Frieden zu ermuntern.

Die konsequente Treue gegenüber dem Grundsatz, daß es vor Gott keinen Unterschied zwischen Juden und Griechen, Griechen und Barbaren gibt, gehört zur „gesunden Lehre", ein Grundthema der Pastoralbriefe (1 Tim 1,10; 4,6; 6,3; 2 Tim 4,3; Tit 1,9). Nichts ist für den Schreiber der Pastoralbriefe ungesünder und gemeindeschädigender als Streiten über Dinge bloß menschlicher Traditionen. „Beschwöre sie, nicht um Worte zu streiten; das ist unnütz und führt die Zuhörer ins Verderben" (2 Tim 2,14). Wer so vom „gesunden Worte Jesu" abweicht …, „der ist verblendet; er versteht nichts, sondern ist krank vor lauter Auseinandersetzungen und Wortgefechten" (1 Tim 6,3–4).

Darüber hinaus ist das Heilen im spezifischen Sinn ursprünglicher Auftrag an die kirchliche Gemeinde, was selbstverständlich nicht ausschließt, sondern einschließt, daß die besonderen Charismen des Heilens in der Gemeinde zur Geltung kommen und bekräftigt werden. Das ständige, geduldige Bemühen um Versöhnung innerhalb der Gemeinde ist in sich schon ein heilendes Tun. Aber es hilft auch dazu, daß die Gemeinde sich solidarisch für das Heilsein und Heilwerden der Kranken einsetzen kann.

Mit Recht betont die katholische Moral die Einzigartigkeit jedes Menschen. Sie verkrüppeln und unterdrücken macht krank. Aber ebenso muß der Einzelne verstehen lernen, daß er seine wahre Identität nicht verwirklichen kann ohne Verwurzelung in der Gemeinschaft und Mitverantwortung in der Gemeinschaft. Wer so das Gleichgewicht zwischen Einmaligkeit und Solidarität erreicht, wird in der Gemeinschaft zu einem heilend-versöhnenden Faktor. Der Kranke ist Teil seiner Umgebung, seiner Familie, Verwandtschaft, Nachbarschaft, kirchlichen Gemeinde. Seine Krankheit und seine Chancen leiblicher bzw. seelischer Gesundung hängen weithin von der Mitverantwortung und Gesundung seines Milieus ab.

Eine Gemeinschaft, die den Heilswert der Krankheit erfaßt hat und immer mehr erfaßt, kann den Kranken nicht nur wirksamer beistehen, den Sinn ihres Leidens zu erahnen und zu verwirklichen, sondern kann sehr wirksam durch das Beispiel und Gebet der Kranken gefördert werden; ja die ständige Mitsorge für alle Kranken, der regelmäßige Krankenbesuch, die sinnvolle Feier der Krankensalbung kommen dem Heil und Heilsein der ganzen Gemeinschaft zugute.

Der englische Arzt Lambourne maß dieser Sicht ganz besondere Bedeutung bei und vertiefte sie auch theologisch. Er sieht Krankheit und Heilen eingebunden in das Leiden und die Auferstehung Christi. „Sie sind der Gemeinschaft der Liebe eingebunden. Diese Gemeinschaft der Liebe, die sich in der Ortsgemeinde findet und die das Leiden der eigenen Mitglieder und das Leiden in der Nachbarschaft umspannt, diese Gemeinschaft sollte eine therapeutische Gemeinschaft sein."[31] Das gesamte Erlösungswerk Christi ist therapeutisch, befreiend, heilend. Er zeigt uns, daß der, der selbstisch darauf bedacht ist, sein „Leben zu retten", sich das Leiden anderer vom Hals zu halten, so sein Leben und sein wahres Selbst verliert. „Wer ganz geheilt werden will, muß leiden, indem er die Leiden anderer in Christus auf sich nimmt."[32]

Kirchliche Erziehung zum Gemeinschaftsgeist, eine tiefe Erfahrung der Heilsgemeinschaft in Liturgie, Verkündigung und im Leben der kirchlichen Gemeinde ist eine gute Grundlage für wirksame Erziehung zu umfassender Verantwortung für die eigene Gesundheit, immer auch im Blick auf die Gesundheit des ganzen Leibes Christi, und zur aktiven Mitverantwortung für Gesundheitsvorsorge und Mitsorge für die Kranken.

Aus dieser therapeutischen Sicht des gesamten Erlösungswerkes und der kirchlichen Gemeinschaft ergibt sich ein sehr hochgespanntes Ziel für den Begriff Gesundheit und für das Heilen. Dabei ergeben sich jedoch entscheidende Unterschiede zur Definition der Gesundheit durch die WHO (World Health Organization) als „einen Zustand von vollständigem physischem, geistigem und sozialem Wohlbefinden, und nicht nur die Abwesenheit von Krankheit und Schwachheit". Unsere Sicht geht von der Gegebenheit von Schwachheit und Krankheit aus, wobei einerseits der solidarische Kampf gegen vermeidbare Krankheiten sehr wichtig ist; andererseits erfährt gerade auch der Kranke und Schwache eine befreiende Sicht seines Leidens und erfährt in der Heilsgemeinschaft die heilende und sinnerfüllende Erfahrung der Liebe, des Mitleidens und der Mitsorge.

Die vollmenschliche Gesundheit in der gegebenen Ordnung einer gefallenen und erlösten Welt schließt ein Ja zum Leiden und Mitleiden und zugleich zum Mit-Heilen ein. Aber wie Christus das Leiden nicht gesucht hat, wohl aber es angenommen hat als Last einer kranken und zu erlösenden Welt, so verbinden sich im therapeutischen Handeln der Kirche Mitleiden und Ermutigung zum sinnvollen Durchstehen des Leidens mit entschiedenem, solidarischem Einsatz zum Überwinden von Krankheiten und Seuchen. Dies gilt insbesondere auch vom Kampf gegen ansteckende Krankheiten.

Im Blick auf Jesus denken wir vor allem an das herzzerbrechende Leiden der Aussätzigen. In Lepra-Kolonien Afrikas kam mir ganz besonders zum Bewußtsein, wie sehr die Aussätzigen unter dem Ausgestoßensein litten, dem die uralte Auffassung zugrunde lag, daß sie von Gott gestraft und in besonderer Weise strafwürdig wären. In den Bantu-Stämmen ist der Aussätzige ausgestoßen wie ein Toter, seine Ehe ist „aufgelöst". In den von der Mission errichteten und unterhaltenen Lepra-Kolonien finden sie sich wieder als Lebende und lebens- und liebenswürdige Personen angenommen. Aber dann stößt dieses Angenommensein an eine schockierende Grenze. Wenn die auf dem Weg der Heilung Befindlichen und Geheilten, denen ein Leben im Einzelhaushalt unvorstellbar ist, sich in der Leprakolonie gegenseitig heiraten – sie können ja nicht zu ihren gesunden Gatten zurückkehren –, so sehen sie sich auf einmal vom Sakrament der Versöhnung und von der heilenden Nähe Jesu in der Eucharistie ausgeschlossen.

Die Reaktion von Seelsorgern ist sehr verschieden. In einer großen Lepra-Kolonie Ostafrikas hatten die Aussätzigen und die vom Aussatz Geschädigten mit unsagbaren Opfern eine Kirche gebaut. Fast alle

„Pfarrkinder" bestanden aus Familien von wiederverheirateten Aussätzigen. Nur ihre Kinder und wenige Eltern, deren ehemaliger Gatte inzwischen gestorben war und dann ihre Ehe einsegnen lassen konnten, durften die Kommunion empfangen. Wenn die Leute weinend zu ihrem afrikanischen Pfarrer kamen und ihn baten, diesen Ausschluß von den Sakramenten zu erklären, dann weinte er mit ihnen und sagte offenherzig: „Auch ich verstehe diese Regelung nicht. Vielleicht findet die Kirche doch eine Lösung für euern Fall." Er versuchte sie, wie es viele andere Seelsorger in Afrika tun, zu trösten: „Jesus liebt euch. Auch wenn ihr nicht die Kommunion empfangen könnt, so vertraut doch, daß Jesus ganz für euch da ist und euer Leiden mit seinem Leiden vereint." Als die Frage in meiner Gegenwart vor allen Seelsorgern der Diözese aufgeworfen wurde, hörten wir jedoch einen europäischen Missionar argumentieren: „Wie könnte man diese Leute zur Kommunion zulassen. Auch für sie muß gelten: Gesetz ist Gesetz." Es war für mich und viele tröstlich, als auf diese Worte der afrikanische Bischof laut weinte, wie eine Mutter um ihrer Kinder willen weint, und als darauf alle bereit waren, darüber nachzudenken, daß wir nicht vor einem nackten Gesetz stehen und uns angesichts des Evangeliums und der Praxis der apostolischen Kirche vor allem die Frage zu stellen haben: „Wie würde Jesus angesichts des absolut guten Willens dieser Menschen und angesichts der kulturellen Lage dieser Menschen, für die ein Rückkehr zu ihrem ersten Gatten einfachhin unmöglich ist, handeln?" Auf der Bischofssynode 1980 baten die Synodalen mit überwältigender Mehrheit den Papst, die Frage untersuchen zu lassen, ob die römisch-katholische Kirche in solchen schwierigen Fragen nicht etwas lernen könnte von der ostkirchlichen Tradition der *oikonomía*, die im Blick auf den Geist Christi, sein Erbarmen und seine heilende Liebe lebt.

Nach neuesten Schätzungen gibt es heute noch etwa 15 Millionen Lepra-Kranke, etwa 4 Millionen befinden sich in Behandlung. Etwa 2 Millionen Aussätzige sind total verkrüppelt und erwerbsunfähig. Auf diesem Gebiet haben die Missionen viel geleistet und leisten heute noch viel. Aber immer mehr setzt sich die Erkenntnis durch, daß „Lepra-Hilfe" nicht genügt und auch den Kampf gegen diese Weltplage nicht gewinnen kann. Das soziale und psychologische Moment hat eindeutig Vorrang vor dem finanziellen und medizinischen. Es bedarf einer Weckung der Verantwortung der gesamten Gemeinschaft, einer gründlichen Gesundheitserziehung und Vorsorge für gesunde Ernährung und Wohnung. Könnte sich insgesamt die „community-medicine" durchsetzen, der es vor allem um die Bewußtseinsweckung der Mitverantwortung und Mitsorge geht, so könnte der Aussatz in wenigen Jahrzehnten ganz von der Bildfläche verschwinden. „Hilfe durch Selbsthilfe" ist ein Leitgedanke der modernen Lepra-Arbeit und Entwicklungshilfe[33].

Auf das Konto der christlichen Mission fällt vor allem als grundlegend ändernde Erfahrung: „Lepra ist keine Strafe der Götter. Lepra ist das, was die Menschen aus ihr gemacht haben und aus ihr machen. Diese Seuche wird eines Tages nur noch eine schreckliche Erinnerung sein."[34]

Daß wir nach Kräften dazu beitragen, ist die beste Weise, die großen Pioniere der Aussätzigenbetreuung wie den seligen P. Peter Donders zu ehren.

3. Suche nach dem Lebenssinn:
ärztliche und kirchliche Logotherapie

Eine Dimension der ärztlichen Heilkunst, die am ehesten eine Analogie zum seelsorglichen Heilen und erlösenden Tun hat, ist die Logotherapie. Sie wurde vor allem von Viktor Frankl ausgearbeitet[35]. Seine Grundthese, „Heilung geschieht durch Sinnfindung, der Mensch ist durch das ernste Suchen nach Sinn, durch den Willen zum Sinn auf dem Weg zu einer echt menschlichen Gesundheit", wird von vielen geteilt. Das Leiden an sinnlosem Leben zusammen mit der mangelnden Bereitschaft, nach Lebenssinn zu suchen und ihn nach Möglichkeit zu verwirklichen, ist für den Menschen zerstörerisch. Er verliert die spezifisch menschliche Ganzheit und Gesundheit. Dies wirkt sich auf seine psychische und somatische Gesundheit nachteilig aus. Darüber hinaus ist jeder ichverklemmte, ins Sinnlose hinein lebende Mensch ein Krankheitsherd für seine Umgebung.

Der vorzügliche Ort der Sinnsuche und Sinngebung ist die Gemeinschaft, Personen im Füreinander und Miteinander. Gar mancher kommt zum Arzt oder Psychotherapeuten, ohne physisch krank zu sein. Er fühlt sich „unwohl", verirrt, isoliert, ohne Orientierung und ist darum bedrückt, mit oder ohne direkte physische Symptome. Gründe dieses Phänomens sind Wertverlust, Enttäuschung zusammen mit einer erschreckenden Sinnleere. Oft fehlt so einem Menschen jemand, dem er etwas bedeuten könnte. Fühlt er sich sozial isoliert, ungeliebt und ungeschätzt, findet er niemand, der ihm zuhören und ihm echte Zuwendung schenken kann, ist das wie ein sozialer und seelischer Tod. Dieses Phänomen steht auch hinter vielen Selbstmorden und Selbstmordversuchen. Letztere sind oft ein verzweifelter Versuch, doch noch Zuwendung zu erfahren.

Jeder Arzt sollte um diese Aspekte wissen und fähig sein, im Sinne einer ärztlichen Logotherapie Anstöße zur Sinnsuche und wenigstens partiellen Sinnverwirklichung zu geben.

Soweit Sinnleere und Sinnverlust von sozialer Isolation und schwer gestörten zwischenmenschlichen Beziehungen kommen, sind psychotherapeutische Bemühungen, die den Gemeinschaftsaspekt vernachlässigen, kaum erfolgreich[36].

Auch die ärztliche Logotherapie sollte darauf bedacht sein, die Gemeinschaft und jene persönlichen Beziehungen, die bedeutsam und heilsam werden können, zu beachten. Will man dem Menschen ärztlich helfen, sich auf die Suche nach Sinn zu begeben, so muß man ihm helfen, sich selbst den andern zuzuwenden und Anschluß an eine Gemeinschaft und an Personen zu finden, die ihm helfen und denen er auch, wenigstens in anfänglicher Form, behilflich sein möchte. Ich habe selbst oft erlebt, daß ein Psychotherapeut einen seiner Patienten zu einem gegebenen Zeitpunkt zu mir schickte zu einem seelsorglichen Gespräch oder Beichtgespräch. Diese Begegnung wird um so fruchtbarer sein, je größer die Aussichten sind, den Suchenden zum Anschluß an eine lebendige, der Zuwendung fähige Gemeinschaft hin zu orientieren.

Pastorale Einzelberatung und Pflege der Einzelbeichte unter Vernachlässigung der Gemeindebildung und Förderung des Gemeinschaftsgeistes ist von den Erfordernissen der Therapie wie der Seelsorge her eine gefährliche Einseitigkeit. Einzelbeichte

58

und gemeinsame Bußfeiern sollten bewußt auf die versöhnte, versöhnende und heilende Gemeinschaft hinzielen. Die Heilsverkündigung in jeder Form hat eine große Chance, eine Gemeinschaft zu bilden, die unter dem Wort Gottes und im gemeinsamen Glauben an Christus ein Ort der Sinnsuche für Zweifelnde und unter Sinnverlust leidende Menschen ist.

Der heilenden Sendung der Kirche, besonders dem logotherapeutischen Anliegen dienen jene, die nur theoretisch belehren und allgemein auf den letzten Sinn hinweisen, nicht genügend; geht es doch um existentielles Sinnsuchen dieses je einmaligen Menschen in seiner besonderen und sozialen Situation. Der Mensch, der unter der Brüchigkeit des Lebens, unter drückenden und vielfach entwürdigenden Lebensbedingungen leidet und noch nicht gelernt hat, das Verfallensein an den Tod in die Sinnfrage einzubeziehen, braucht mehr als theoretische Antworten. Er braucht Halt und Hilfe, um die Krise des Leidens und des Todes sinnvoll zu bewältigen[37].

Echte Hilfe zur *Gewissensbildung* ist eine hervorragende Weise, den heilenden Auftrag Christi zu erfüllen. Hier wird die logotherapeutische Dimension offensichtlich. Echte Gewissensbildung wird stets den Primat der Gnade, des Geschenkhaften vor Gesetz und Imperativen beobachten. Frankl betont mit Recht, daß der Psychotherapeut bzw. Logotherapeut nicht einfach versuchen darf, dem Suchenden seine eigenen Überzeugungen oder Meinungen aufzuoktroyieren. Ganz im Gegenteil, er wird dem Ratsuchenden helfen, sich selbst auf die Suche zu machen, selbstverständlich in Offenheit für das Du und Wir, im Mut, Hilfe von Menschen anzunehmen, die offensichtlich ein erfülltes Leben führen.

Auf diesem Weg wird sowohl der weltliche Logotherapeut wie der Seelsorger seinem Gesprächspartner das Recht zum Zweifeln und zum Aussprechen von Zweifeln geben. Es gibt ein gesundes, zu Gesundheit führendes Zweifeln auch in Sachen des Glaubens und der Sitten. Das muß allerdings sorgfältig unterschieden werden von frivolem Zweifeln, von jenem oberflächlichen Zweifeln, das seinen Grund darin hat, daß man nicht nach der erkannten Wahrheit leben will. Ich rede von jenem gesunden Zweifeln, das ganz und gar verschwistert ist mit Sinnerhellung, dem Suchen nach Sinn und dem Willen nach einem immer mehr sinnerfüllten Leben.

Die Erklärung des Zweiten Vatikanischen Konzils über Religions- und Gewissensfreiheit liegt auf dieser Ebene und hat eine eminent therapeutische Bedeutung. Es geht um Befreiung zu ehrlichem Suchen, zu ehrlichem Dialog in gegenseitiger Ehrfurcht, bei einem echten Füreinander und Miteinander der Gewissen. Gesunde katholische Moraltheologie hat stets den Respekt auch vor dem irrenden Gewissen betont, das auf der Suche nach mehr Licht ist. Ebenso gehört es zu den therapeutischen Grundwahrheiten katholischer Moraltheologie, daß Werterhellung unbedingte Voraussetzung echter Mitteilung von Normen und Geboten ist. Im gleichen Sinn hat gute Pastoraltheologie, besonders vorbildlich der hl. Alfons von Liguori, gefordert, daß man nicht ungeduldig versuchen darf, von jemand als Pflicht einzufordern, was er hier und jetzt nicht ehrlichen Gewissens als sinnvoll und gut erkennen kann; es geht dabei um existentielles Kennen-können.

Wir haben zu unterscheiden zwischen einem konkreten Gewissensurteil und dem Gewissen als Mitgift und Anlage. So folgenschwer auch manchmal ein irriges Gewissensurteil sein mag, es ist viel verheerender, wenn die Gewissensanlage selber unentfaltet, unterentwickelt oder krank ist. Krank ist ein Gewissen z. B. 1. wenn die innere Freiheit und der ehrliche Wille zum Suchen nach dem Wahren und Guten fehlen. Daran können auch andere, unter Umständen auch Seelsorger schuld sein, wenn es ihnen z. B. mehr um Sicherungen als um das Suchen nach der Wahrheit des Guten geht. 2. Krank ist ein Gewissen, das ohne Wert- und Sinnerschließung an Gesetz und Gebot gebunden ist. 3. Krank und gespalten ist ein Gewissen, das durch fortdauernde und unbereute Untreue gegenüber dem erkannten Wert und Sinn die Dynamik zum „Tun der Wahrheit in Liebe" verloren hat. 4. Heillos krank ist schließlich ein Gewissen, dem Ehrfurcht, Offenheit und Mitverantwortung für das heile Gewissen anderer abgeht. Ein solches Gewissen ist individualistisch verklemmt und verkrümmt. Wir handeln seelsorgerlich und logotherapeutisch, wenn wir die Krankheitsformen enthüllen und dabei geduldig den Weg zur Heilung weisen.

Spezifisch seelsorgliche Logotherapie führt den nach Sinn und mehr Licht Suchenden zu Christus, dem *Logos* und Therapeuten, der die Wahrheit, der Weg und das Leben ist. Bernard Tyrrell spricht in diesem Sinn von Christotherapie[38]. Es ist einfühlende, mitfühlende und sanfte Hinführung zu Christus, dem heilenden Licht[39].

Dies ist Aufgabe der Heilsgemeinschaft, der Gemeinschaft heilender Liebe und heilenden Verstehens und der einzelnen gemäß ihrem Charisma. Es ist gemeinsames Hinzutreten zu Christus im Füreinander und Miteinander der Gewissen in jenem lebendigen

Glauben, dessen Mitte Christus und dessen Organ die Glaubensgemeinschaft ist.

Solche Heilsverkündigung und logotherapeutische Seelsorge knüpfen ehrfürchtig an allem Sinnvollen an, das im Einzelnen und in der jeweiligen Gemeinschaft, auch in nicht-christlichen Religionen und in fremden Kulturen, vorgegeben ist. All das sind ja schon Samenkörner des *Logos*.

Echte Christotherapie ist ein beständiger Bekehrungsvorgang im Rahmen von Gemeinschaften, die auf dem Weg beständiger Erneuerung sind, aber in immer klarerer Ausrichtung auf Christus und sein Reich der Liebe und des Friedens, in immer deutlicher werdender Heilsgemeinschaft, Heilssolidarität. Wir brauchen die organische Zusammenarbeit zwischen Gesamtgemeinde, Seelsorger und qualifizierten Psychotherapeuten bzw. Logotherapeuten[40].

V. Der Glaube, der uns heilt und befreit

Christus, der gottmenschliche Heiler, und die Heilsgemeinschaft rufen den inneren Arzt auf, der in uns wohnt und durch unseren Glauben wirkt. Im lebendigen Glauben öffnen wir uns der Heilkraft Christi. Wir sprechen hier vom Glauben in seiner existentiellen Aneignung als Antwort auf den Gnadenruf Christi, als Ja zur „gesunden Lehre", die uns den Weg des Heiles und Heilseins zeigt, vom Glauben, der sich vertrauend Gott anheimstellt und in der Liebe lebendig ist und Frucht trägt, vom Glauben, den wir in den Sakramenten des Glaubens und in allen Heilszeichen feiern und verlebendigen, vom Glauben, der die Grundhaltungen des Christen prägen will, vor allem jene Grundhaltungen, die in der Bibel vorrangig genannt und aufgezeigt sind.

1. Heilkraft des Glaubens

Bei mehreren Heilungen verweist Jesus ausdrücklich auf die Heilkraft des Glaubens. So antwortet er dem Blinden, der ihn um das Augenlicht bittet: „Geh! Dein Glaube hat dir geholfen" (Mk 10,52; vgl. Mt 9,22; Lk 7,50). Im Glauben öffnet sich der Mensch der Heilskraft und Heilkraft, die von Gott kommt und vom Innersten des Menschen her wirkt[41]. Um seine Heilkraft zu entfalten, muß der Glaube gesund sein, ernste Antwort auf die in der Offenbarung auf uns zukommende Liebe, Antwort auf den Emmanuel, Gott-mit-uns, Antwort auf „gesunde Lehre", die sich nicht im Theoretischen oder gar in Wortgezänk verliert, sondern lebenspendendes, uns beschenkendes und uns in unserer Ganzheit forderndes Wort Gottes ist.

Der Glaube hat die Kraft, uns von Schuld und Angst zu befreien, uns dem Frieden und Verzeihen Gottes zu öffnen. Darum darf die Sicht Gottes nicht eng und unnötig beängstigend sein. Wer in Gott nur oder doch sehr vordergründig den Gesetzgeber und Richter sieht, der hat noch nicht den Glauben gefunden, der heilt. Im heilenden Glauben kennen wir Christus, den Erlöser, den Heiland, den barmherzigen Samaritan, der nicht gekommen ist, um im Gerichte zu verderben, sondern zu retten und zu heilen. Voraussetzung der Heilkraft des Glaubens ist nicht, daß wir ohne Schuld sind. Vor Gott können wir unsere Schuld bekennen, vor dem Heiland unsere Wunden offenlegen. „Wenn wir unsere Sünden bekennen, ist er treu und gerecht, er vergibt uns die Sünden und reinigt uns von allem Unrecht" (1 Joh 1,9). „Denn wenn das Herz uns auch verurteilt – Gott ist größer als unser Herz, und er weiß alles" (1 Joh 4,20). Was aber unabdingbar zum heilenden Glauben gehört, ist, daß wir Ja sagen zu der umfassenden Wahrheit, daß Gott die Liebe ist und uns als seine Kinder an seiner Liebe teilnehmen lassen will. Sind wir bei all unserer Schwachheit und mit allen noch nicht geheilten Wunden ehrlich auf dem Weg zur vollen Antwort auf den Gott der Liebe, dann kann der Glaube uns heilen.

Was solcher Glaube uns schenkt, ist vor allem eine heile Beziehung zu Gott, unserem Vater, und zu unserem Erlöser Jesus Christus, ein Ja zu Gnade und Auftrag, einander zu lieben in der Liebe Christi. Das bedeutet heile Beziehungen zum Nächsten und zur Gemeinschaft. In solchem Glauben an Gott, den Versöhner und Heiler, wissen wir uns angenommen und können uns selbst getrost annehmen. So sind wir auf dem Weg zu umfassender Heilung. Aber es heißt, auf diesem Weg auszuharren.

In diesem inneren Frieden, Frucht des Heiligen Geistes, aber existentiell auch Frucht des Heilsglaubens, kommen die inneren, von Gott verliehenen und stets neu belebten Kräfte zur Wirkung mit Folgen auch für das psychische Gleichgewicht und für den somatischen Bereich.

Es handelt sich nicht um einen kurzen Augenblick einer Glaubensregung, sondern um den Glauben, kraft dessen wir dem gottmenschlichen Therapeuten Jesus folgen, ihm nahe bleiben, ihm immer näher kommen, ihn stets besser kennen und lieben. Es ist ein Prozeß des Heilsgeschehens und der Heilung.

Das gleiche können wir auch mit dem Ausdruck Glaubensbekehrung bezeichnen, die eine radikale Grundentscheidung für Gott und Christus ist, jedoch ein fortlaufende Vertiefung verlangt, eine fortwährende Bekehrung, wie sie die Väter nannten. Die Grundentscheidung will sich zunehmend entfalten und in all unser Streben, in all unsere Grundhaltungen einschreiben. Davon wird noch eigens zu sprechen sein.

Die Vertiefung der Grundentscheidung des Glaubens, die uns immer mehr prägt, hat als Frucht Freude und Friede. Diese wirken nicht nur heilend auf uns, sondern strahlen auch heilenden Frieden und Gesundheit aus. Der Glaubende, der das Heil zuinnerst erfährt, verkündet seinshaft die heilende Kraft Gottes und wird so gnadenhaft Träger heilender Kräfte. Alles verweist dabei den Nächsten auf Jesus, den Therapeuten. Dies bestätigt sich immer wieder, z. B. bei aktiv ergriffenen Gruppen von geheilten Alkoholikern, die in ihrer Mitsorge öffentlich Zeugnis ablegen und andern Vertrauen auf Heilung einflößen. Ein bekannter Therapeut schreibt: „William James vermerkte, daß mehr Alkoholiker durch religiöse Bekehrung als durch die ganze Medizin der Welt geheilt wurden. Bei all dem ungeheuern Aufwand moderner Psychiatrie vermute ich, daß das gleiche sich auch heute bewahrheitet."[42]

Vom Wesen des Glaubens her wie auch von echt menschlicher Gesundheit her muß hier erneut auf die Bedeutung der Glaubens- und Heilsgemeinschaft hingewiesen werden. Glaubensbekehrung und die heilende Erfahrung der Nähe des göttlichen Therapeuten werden kaum durchzuhalten sein, wenn man keinen Rückhalt in der Glaubensgemeinschaft sucht und nicht dazu beiträgt, daß sie zu einer heilenden Gemeinschaft wird[43]. Durch die Erfahrung aktiver und empfangener Heilssolidarität wird der Mensch auf dem Weg zu ganzheitlicher Gesundung aus der Isolierung herausgeholt und wird immer mehr fähig, Jesus zu kennen und zu verkünden als „Gott-mit-uns".

Gebet in der Glaubensgemeinschaft und ganz persönliches Beten sind der Atem heilenden Glaubens.

Auch Theologie wird in ihrer wesentlich heilenden Funktion nicht nur erkannt, sondern auch erfahren, wenn sie ihren „gesunden" Ort hat in einer betenden Gemeinschaft. Wird sie aber als rein intellektuelle Angelegenheit betrieben, so kann sie der Heilkraft des Glaubens und der Glaubensgemeinschaft nur schaden[44].

Christlicher Glaube ist nicht denkbar ohne Anbetung Gottes. Darin spricht der Mensch aus, daß er dankbar in Gott seinen Ursprung und seine Mitte anerkennt. Wird Anbetung zur Grundhaltung, so hat der Mensch seine wahre Mitte gewonnen. Er kommt in seine Wahrheit und wird so geheilt vor Verwirrung und Verblendung, vor Verirrung und Entfremdung. Dies gehört wesentlich zum Begriff Heil, zur Botschaft des Heilandes, hat aber auch sehr viel zu sagen für Heil-sein, für Gesundheit. Befreit von allen Götzen findet der Gläubige den Weg des Heiles und den Mut und die Kraft zur Überwindung der heilsgefährlichen und zerstörerischen Unordnungen. Die „im Geiste und in der Wahrheit anbeten", wie der Vater es will und der Sohn es uns lehrt, die sind es, die vom Wasser empfangen „aus der sprudelnden Quelle, deren Wasser ewiges Leben schenkt" (Joh 4,24 und 4,14).

2. Von der Heilkraft des Gottvertrauens

Ein schweres und sehr schwer heilbares Leiden, dem der Psychotherapeut und auch der Seelsorger oft begegnet, ist eine diffuse und beklemmende Angst. Dieses Seelenleiden, das weitverzweigte und tiefverwurzelte psychosomatische Folgen hat, ist zu unterscheiden von der Furcht vor einer klar bestimmten Gefahr. Es ist zum Teil Folge eines allgemeinen Sinnverlustes, oft aber auch eines falschen Gottesbildes und eines davon bestimmten Existenzgefühles. Heute spricht man von Angstneurose, wo man früher (seit dem 17. Jahrhundert) von Skrupelhaftigkeit sprach.

Dabei geht es nicht nur um die Frage, ob dieses oder jenes eine Sünde ist, eine Frage, die an sich eine saubere theoretische Antwort erlauben würde, sondern um eine den Kranken stets verfolgende Angst vor Schuld und Strafe, Angst vor dem Verfehlen des Lebenssinnes.

Religiös ist es im Laufe der Menschheitsgeschichte oft die erdrückende Angst vor einem rächenden Gott, vor Rachegeistern, vor einem unheimlichen Schicksal. Paulus schildert die Angst als Schulddruck des Menschen, der nicht die heilende, rettende Gerechtigkeit und Huld Gottes kennt, sondern einseitig vor dem fordernden und stets überfordernden Gesetz steht.

Nicht jedes Angstgefühl ist schon als solches pathologisch. Heidegger beschreibt das Sein als „Sein zum Tode", wozu der Reflex des Todesbewußtseins gehört. Findet das Todesbewußtsein eine offene Stellungnahme und eine sinnvolle Antwort, so kann es in Energien eines mit dem Tode, mit der Sterblichkeit versöhnten Lebens übersetzt werden.

Der Arzt und weithin auch der Seelsorger haben es vielfach mit der Angst zu tun, die als Auslöser die Erfahrung der Ungeborgenheit und Abgründigkeit des Daseins in akuter Krankheit hat. Ferner denken wir an jenes Verängstigtsein, das von frühkindlichen und auch späteren Erfahrungen des Nicht-angenommen-Seins herrührt und sich unheimlich verstärkt, wenn es sich summiert und potenziert durch eine Vergesetzlichung der Religion. Dies gilt vor allem für religiös veranlagte Menschen. Werden sie durch religiöse Autoritäten mit gesetzlichen Forderungen konfrontiert, die sie weder in ihrer Sinnhaftigkeit verstehen noch ohne große Existenzrisiken erfüllen können, so kommt es zu krankhaften Ausbrüchen. In gewissen Momenten meines seelsorglichen und schriftstellerischen Wirkens wurde ich von angsterfüllten Briefen buchstäblich überflutet, und im Sprechzimmer lösten sich die Verängstigten ab, einer, eine nach dem andern. Lese ich die Evangelien und die Paulusbriefe im Lichte dieser Erfahrungen, so kann ich das Wort Bernhard Hansslers nur unterschreiben: „Die Angsttherapie, die von Jesus ausgeht, ist in ihrer psychohygienischen Bedeutung gar nicht zu ermessen. Selbst für eine nur religionsgeschichtliche und religionsvergleichende Betrachtung steht eindeutig fest, daß Jesus unter den Religionsstiftern derjenige war, der das Angstelement aus der Religion ausgemerzt hat."[45]

Jesus heilt angsterfüllte religiös gestimmte Menschen durch seine liebende Nähe als der Immanuel, „Gott-mit-uns", als der, der uns Gott als „Abba", gütigen Vater, erleben läßt. Die Kranken und Angsterfüllten, Schuldbedrückten wissen sich von ihm angenommen, respektiert und geliebt.

Könnte ich von Gott ein auf eine bestimmte Gruppe beschränktes Charisma der Krankenheilung empfangen, so ginge mein erster Gedanke und meine erste Bitte die unter Angst leidenden Menschen an. Ich kann keine Wunder wirken. Aber ich kann und muß als Theologe und Seelsorger unserem Herrn und Heiland Jesus Christus treu bleiben. Moraltheologie muß sich durchgehends prüfen, ob sie das christliche Leben unter dem „Gesetz der Gnade" so darstellt, daß durch diese Botschaft die Menschen Jesus als den Heilenden erfahren. Die Moralverkündigung darf nicht die Menschen sozusagen mit Imperativen und Gesetzesdrohungen überfallen und überfordern.

Das Gesetz darf sich nie verselbständigen. Einzelforderungen, die im Leben nicht selten mit anderen sittlich bedeutsamen Werten und Pflichten in Konflikt stehen, dürfen nicht auf ungehörige Weise verabsolutiert werden. Diesbezüglich könnten wir von der den orthodoxen Kirchen seit je teuren „oikonomía" und von unserer besten Tradition bezüglich der Epikie noch vieles lernen. In allem, was wir lehren und sagen, muß uns stets die Frage begleiten: „Welches Gottesbild" vermittelt es? Ist es das Gottesbild, das Jesus verkörpert hat?

Wenn Jesus Kranken sagt, daß sie durch den Glauben geheilt wurden, beinhaltet „Glaube" ganz offenbar ein großes Gottvertrauen, das Jesus selbst in ihnen geweckt hat. Jesu Worte sind Tat-Worte, aufmunternde Taten. Seine Werke, seine Begegnung mit Kranken und Sündern sind Einlösung der von Gott gegebenen Verheißungen und Zusicherung noch größerer Verheißungen. Der Glaubende antwortet mit der festen Zuversicht, daß dem, der sich Ihm anvertraut, alles zum Guten gereichen wird. Das unerhört Befreiende solchen Vertrauens kommt einmalig schön zum Ausdruck in dem, was Dietrich Bonhoeffer unmittelbar vor seiner Hinrichtung in Plötzensee niederschrieb:

> „Von guten Mächten wunderbar geborgen,
> erwarten wir getrost, was kommen mag.
> Gott ist mit uns am Abend und am Morgen
> und ganz gewiß an jedem neuen Tag."

Die Tatsache, daß Gott uns in Christus Versöhnung schenkt und ewiges Leben verspricht, baut Blockaden ab. Und das neue Vertrauensverhältnis mit dem Geber aller guten Gaben, besonders wenn es sich in sinnvollem Vertrauen in zwischenmenschlichen Be-

70

ziehungen widerspiegeln kann, befreit die Energien des „inneren Arztes", der in jedem von uns wohnt und auf das Wirken des Gottesgeistes verweist.

Dabei hat Jesus alles getan, uns vor falschen Hoffnungen zu warnen. Er, der für uns das schwere Kreuz getragen hat, und uns durch seine Wunden Heil und Heilung bereitet, lädt uns ein, unser tägliches Kreuz anzunehmen, ihm den rechten Sinn zu geben. Tun wir das, dann gilt uns aber auch, daß wir bei ihm Ruhe, Erquickung finden. „Denn mein Joch drückt nicht, und meine Last ist leicht" (Mt 11,28–30). Gläubiges Vertrauen und die Freude am Herrn geben neue Kraft und erschließen neue Quellen der Gesundheit im tiefsten Kern der Person und in ihren wesentlichen Beziehungen.

Es ist ein die Apostelgeschichte und die Paulusbriefe durchziehendes Thema, daß der Jünger Christi und Verkünder der Frohbotschaft gerade inmitten des Leidens eine besondere Gnadengabe hat, den Mitchristen Trost und Ermunterung zuzusprechen. Wer für Christus gelitten hat, der wird sich vom Leiden der Menschen treffen lassen, er wird mitleiden und die Opfer bringen, die die Sorge für Kranke und Leidende von ihm erfordert, und gerade so wird er sehr viel tun können zur Umgestaltung des Leidens, so daß das Heilbare geheilt wird, das Unheilbare in der christlichen Hoffnung neuen Wert empfängt.

3. Heilende Kraft erlöster Liebe

Wer nur um sich selbst kreist, wird krank und macht andere krank. Die Liebe aber, die aus Gott kommt und zu Gott führt, ist sinnstiftend im höchsten Sinn.

Sie ist die kostbarste und unersetzlichste Frucht echten Glaubens. Jesus hat die Menschen durch die Macht seiner erlösenden, befreienden Liebe geheilt. Diese seine Liebe hat den Glauben geweckt und Vertrauen geschenkt. Martin Deutinger trifft den Kern der Sache mit seinem Wort: „Nur die Liebe kann Wunder wirken."[46] Durch die Liebe werden die vornehmsten Kräfte im Menschen geweckt. Sie ist das höchste Sinnerlebnis. Sie ist der Zugang zu den Früchten der Erlösung und zu allen heilenden Kräften. Die erlöste Liebe der einzelnen und der Gemeinschaften vermittelt uns eine Vision vom Gottesreich, das endgültige Gemeinschaft sein wird, in der Heil und Gesundheit sich für immer treffen.

Man kann die therapeutische Kraft der erlösten, erlösenden Liebe kaum genug betonen und deuten. Dies gehört wesentlich zum Verständnis der Erlösung. Es muß jedoch die wahre Liebe sein, für die uns die Heilige Schrift hinreichende Kriterien gibt. Nur die aus Gott stammende und zu Gott führende Liebe kann alle inneren und sozialen Kräfte der Heilung wecken. Man kann auch hinzufügen, daß gerade der Erweis der heilenden Kraft, von Person zu Person und im solidarischen Bemühen um die Heilung des öffentlichen Lebens, ein zentrales Kriterium erlöster Liebe ist. Die erlöste „Liebe erträgt alles, glaubt alles, hofft alles, hält allem stand" (1 Kor 13,7). Wie Gott in seiner Gnade, so schenkt auch die von Gott kommende Liebe dem Mitmenschen stets einen Vorschuß des Vertrauens, und gerade dieser Vorschuß erweist sich als heilend.

4. Die heilende Kraft der Heilssakramente

In Christus Jesus, der Urquelle aller Heilszeichen, ist die Kirche ein umfassendes Zeichen des Heils und der Heilung. Sie ist dies um so wirkkräftiger, je mehr in ihr die heilende Liebe Christi sichtbar und erfahrbar gemacht wird. Das heilspädagogische Ziel der Kirche ist, daß jeder einzelne Christ und jede Gliedgemeinschaft zu einer Art Sakrament, zu einem Zeichen erlöster, erlösender und befreiender Liebe werden. Die Sakramente der Kirche und andere Heilszeichen in ihr sind nicht zuletzt gerade auf dieses Ziel hingeordnet. Dies zu beachten und durch Heilsverkündigung und Feier der Liturgie allen zugänglich zu machen, ist ein Knotenpunkt in der vielschichtigen Beziehung zwischen Heilsverkündigung und dem heilenden Dienst der Kirche. Der Umstand, daß die kasuistisch-juridische Moral der letzten drei Jahrhunderte die Sakramente erst nach Darstellung der Gebote und Gesetze, und zwar als Hilfe zur Einhaltung der Gebote und Gesetze darstellte, hat viel zur sterilisierenden Blindheit für die heilende Kraft der Kirche und der Sakramente beigetragen.

Schrift, Tradition und Liturgie lehren uns die *Taufe* als Neuschöpfung sehen. Der Getaufte ist kraft Sakrament des Glaubens und Glaubenshaltung eine neue Schöpfung mit neuen, heilen Beziehungen zu Gott, dem Vater aller, zu Christus, dem Bruder und Heiland aller, zum Heiligen Geist, der die Herzen und das Angesicht der Erde erneuern kann; und so auch mit neuen Beziehungen zu allen Mitmenschen, allen Erlösten und zu der von Christus erlösten Welt, zu Umwelt und Gesellschaft.

Das Sakrament der *Firmung* verweist uns auf den

Geist der Wahrheit, der uns von innen her die wahre Liebe lehrt, uns zu geistiger Mündigkeit führen und von aller Verkrüppelung unseres seelischen Lebens bewahren will. Firmung bedeutet auch jene innere, als geschenkhaft erfahrene Kraft, die unsere Sendung in die Welt von innen her ermöglicht. Der Gefirmte kann und muß sich bewußt werden, daß sein Heil und sein Gewinn der Mitte entscheidend davon abhängen, wie er sich im Verein mit allen Menschen guten Willens für eine heilere, gerechte und friedlichere Welt, für eine heilendere Umwelt, für eine echt menschliche Kultur, Wirtschaft und Politik einsetzt.

Leben und Lehre Mahatma Gandhis öffnen uns die Augen für einen leider vielfach vernachlässigten Aspekt der Firmung. Wir empfangen den „Geist der Wahrheit", der „uns in alle Wahrheit einführen" will. Das Kennwort Gandhis, satyagraha, bedeutet „Kraft der Wahrheit" im Tun der Liebe, die den Gegner von Haß, Feindschaft und Angst heilen kann. Vom Geist der Wahrheit geleitet erkennen wir die Heilkraft gewaltfreien Dialogs, der aus der allumfassenden Liebe kommt und den Gegner machtvoll, liebend einlädt zur Versöhnung in Gerechtigkeit und zum gemeinsamen Sieg wahrer Liebe. Die Kraft der Wahrheit offenbart sich im Vollzug der Entfeindung, der Befreiung von heillosen Feindbildern, im Brechen des Teufelskreises von Haß und Bedrohung. Der vom Geist der Wahrheit Erfaßte ahnt, daß das Eingehen auf die Anliegen des Gegners, des Gegenüber, uns auf dem Weg zu vollerer Wahrheit in Liebe helfen kann. „Der Geist der Wahrheit" macht uns, wenn wir uns ihm anvertrauen, zu Verkündern des Evangeliums des Friedens und zu Zeugen der Heilskraft und Heilkraft wahrer Liebe, die niemand ausschließt. Alles entscheidet sich daran, ob wir an die Wahrheit vom Sieg der Liebe durch den „Geist der Wahrheit" glauben und uns vom Geiste der Wahrheit leiten lassen.

Die *Eucharistie* ist in Christus und der Kirche das umfassendste und fruchtbarste Zeichen der heilwirkenden und heilenden Gnade Gottes. Sie ist auch ein zentrales Zeichen „zur Vergebung der Sünden" und zur Heilung unseres versehrten Gedächtnisses, ein Quell des Friedens und der Friedenssendung der Christen. Sie ist wirksames Zeichen jenes Glaubens, jener Hoffnung und jener Liebe, die heilen und die christliche Gemeinde und jeden einzelnen fähig machen, Gesundheit und Frieden auszustrahlen und sich dienend, heilend der Ärmsten, der Schwächsten und der Kranken anzunehmen. Sie schenkt, wenn sie recht gefeiert wird, immer neu jene Freude im Herrn, die uns Kraft gibt und zur Quelle des Heils für viele wird.

Die Eucharistie ist Gedächtnisfeier in der glaubend-liebenden Begegnung mit Christus, der heilend auf die Kranken zuging und immer noch auf sie zugeht, während er das Heil verkündet. Kraft eines dankbaren Gedächtnisses leben wir in der Gegenwart Christi, der erneut auf uns zukommt, uns sein Wort schenkt und uns heilt, die vergangenen Heilstaten fortsetzt, vor allem wie Er sich in seinem Leiden mit uns, der leidenden und kranken Menschheit, identifizierte. Unserem Gedächtnis schreibt sich sein Gesetz ein (vgl. Gal 6, 2), wenn wir in der Gedächtnisfeier ihn preisen, der unser aller Last getragen hat, um uns zu retten und uns zu heilen.

Die Erfahrung der wirklichen Gegenwart Jesu in der eucharistischen Gedächtnisfeier läßt sich ebenso-

wenig von der Erfahrung des in Christus auf uns zu-
kommenden Kranken, Notdürftigen und Leidenden
trennen, wie sich in der Sendung Christi die Heilsverkündigung von seinem Heilen und Helfen trennen
läßt.

Christi Heilswort in der Eucharistie: „Tut dies zu
meinem Gedächtnis", erinnert uns unerbittlich an das
dazu gehörende bleibende Memoriale des Endge-
richts: „Was ihr einem der Geringsten meiner Ge-
schwister getan habt, das habt ihr mir getan." Sein
Wort: „Ich war krank und ihr habt mich besucht",
wird zur Entscheidung drängende Gegenwart.

Wir können nicht lebenswahr „Amen" antworten,
wenn der Priester oder Kommunionspender uns zu-
spricht: „Das ist Christi Leib", falls wir angesichts
der Not der Kranken und Hungernden, der Ausge-
beuteten und Unterdrückten nicht daran erinnert
werden wollen, daß in ihnen Christus auf uns zukommt, daß sie uns vor die entscheidende eucharistische Frage stellen, ob wir wirklich „Leib Christi" sein
wollen, in dem keiner selbstisch nur an sich denken
kann. Unser eucharistisches Gedächtnis will uns helfen, unser „Amen" jeweils dann zu bekräftigen, wenn
die Not der andern an unsere helfende Liebe und unser Vermögen appelliert.

Wie im Leben Christi seine Heilsverkündigung und
sein Heilsangebot eins waren mit dem helfend-heilen-
den Tun seiner Liebe, so gehört zur lebenswahren eucharistischen Gedächtnisfeier die bereitwillige Zuwendung zu denen, die unser bedürfen und durch die
Christus die Qualität unseres Glaubens und unseres
Gedächtnisses auf die Probe stellt.

Die hilfsbereite Solidarität der christlichen Gemeinschaft mit den Kranken eben dieser Gemein-

schaft und mit allen Leidenden in ihrer Reichweite ist ein integrierender Bestandteil des eucharistischen Gedächtnisses des Glaubens, der Frucht trägt in helfender, heilender Liebe.

Der Dienst, den Kranken und Alten durch die ihnen gebrachte Kommunion Anteil an der eucharistischen Gemeinschaft zu geben, darf nicht losgelöst werden von der liebenden Sorge für sie durch eben diese eucharistische Gemeinschaft, und zwar so, daß die ganze Gemeinschaft nach Maßgabe der Gnadengaben und Fähigkeiten der einzelnen an dieser heilend-helfenden Liebe teilnimmt.

Aber auch der Kranke und seine Angehörigen, die von seinem Leiden mitbetroffen sind, werden auf diese Weise – durch eine eucharistische Gemeinschaft, die den Doppelauftrag „Tut dies zu meinem Andenken" richtig erfüllt –, vom Erlöser befragt, ob sie ihrerseits, in ihrer Situation „Leib Christi" sein wollen, indem sie durch ein schöpferisches Ja zum Leiden bzw. zum heilend-pflegenden Dienst am Heilsauftrag der Kirche mitwirken wollen. Ihr „Amen", das sich Tag für Tag und Stunde für Stunde verwirklicht, ist ein Geschenk an den „Leib Christi", die Kirche, und hat für sie selbst eine heilende Wirkung, gibt dem, was am Leiden zunächst unheilbar erscheint, einen erlösenden und oft auch heilenden Sinn.

Diese Zusammenhänge zwischen Eucharistie und heilender Liebe aufzudecken und erfahrbar zu machen und die entsprechenden Haltungen zu pflegen gehört unabdingbar zur unteilbaren Doppelsendung der Kirche: das Heil zu verkünden (und zu feiern) und heilend-helfend den Kranken in der Liebe Christi nahe zu sein[47].

Schon die Bezeichnung „Bußsakrament" und „Beichte" haben zusammen mit vielen anderen Faktoren dazu beigetragen, die heilende Wirkung des *Sakramentes der Versöhnung und des Friedens* abzutöten. Während die Ostkirchen fast durchwegs ihre vorherrschend therapeutische Sicht der Erlösung, der Sendung der Kirche und ganz besonders des Sakramentes der Versöhnung durchhielten, wurde in der Theologie des Westens, insbesondere seit dem hl. Anselm von Canterbury, die Erlösung und ganz besonders das Bußsakrament vorherrschend von der Sühne, als Schuldeinforderung und Schuldabtragung, her gedeutet, selbstverständlich mit löblichen Ausnahmen. Die Praxis hat vielfach eine solche einseitige Deutung noch vergröbert. Der hl. Alfons hat sich mit ganzer Entschiedenheit gegen diese Entwicklung gestemmt. Er deutet die Ämter des Beichtvaters in folgender Reihenfolge: „Erstens das Amt des Vaters" – er soll mit Christus zu einem erfahrbaren Zeichen der liebenden, erbarmenden Zuwendung des himmlischen Vaters sein. „Zweitens das Amt des Heilers" – Diener und Werkzeug des göttlichen Arztes. Als Drittes wird dann genannt das „Amt des Lehrers" – er soll das Gesetz der rettenden Gerechtigkeit und Liebe deuten, „die gesunde Lehre" verkörpern, die Achtsamkeit auf die Stimme des Gewissens schärfen. In vollem Wissen um gegenteilige Tendenzen und mit Bedacht schreibt Alfons: „Als letztes kommt dann das Amt des Richters."[48] Es ist das Amt der Unterscheidung, der Hinführung zum rettenden Gericht Gottes. Ein Herzstück dieses Sakramentes ist die Hinwendung zum Geheimnis der Versöhnung und des Friedens, so daß der Versöhnte zugleich auch ein Diener der Versöhnung und des Friedens ist, stets bereit zu heilendem Verzeihen. Die zur Zeit offensichtlich gewordene Krise des Sakramentes der Versöhnung, vor allem in der Form der Einzelbeichte, ließe sich meines Erachtens gründlich überwinden, wenn die ganze Pastoral der Kirche mehr therapeutisch ausgerichtet wäre und wenn insbesonders bei der Einzelbeichte, aber auch bei allgemeinen Bußfeiern das Geheiltwerden und Heilen in der Mitte stünden. In diese Richtung zielt auch der von vielen, auch von mir, wiederholt gemachte Vorschlag statt von „läßlichen Sünden" von „Wundsünden" zu reden, wobei es dann auch klar würde, daß Wunden mehr oder weniger gefährlich, auch schwer gefährlich sein können, bevor es zur „Todsünde" kommt. Die Kranken und Verwundeten bedürfen des Arztes zur rechten Zeit. Dieser therapeutischen Zielsetzung dient das gelöste „Beichtgespräch", das immer hinführt zum göttlichen Arzt.

Ganz besonders deutlich erscheint in Tradition und Liturgie die therapeutische Sinnbedeutung der *Krankensalbung.* Die Benennung „letzte Ölung" hat die Bedeutung dieses Sakramentes ungebührend eingeschränkt. Das Zweite Vatikanische Konzil sagt dazu: „Die ‚letzte Ölung', die auch – und zwar besser – ‚Krankensalbung' genannt wird, ist nicht nur das Sakrament derer, die sich in äußerster Lebensgefahr befinden."[49] Auch im Blick auf den bekannten Text des Jakobusbriefes und im Zug der allgemeinen Überwindung des Individualismus in der Sakramentenpastoral wird der Gemeinschaftscharakter gerade dieses Sakramentes wieder sehr betont, wie es übrigens die Ostkirchen stets getan haben. Es ist sinnvoll, mehrmals im Jahre innerhalb der Eucharistie oder auch in getrennter Feier all die kranken und alterskranken Gläubigen zur Krankensalbung zu vereinen. Die Art und Weise, wie dabei die Pfarrgemeinde mitwirkt, kann in sich schon ein Erweis heilender Zuwendung werden. Es ist ein Sakrament der Tröstung durch die Vertreter der Gemeinde. Dies kommt auch im Text des Jakobusbriefes zur Geltung: „Ist einer von euch krank? Dann rufe er die Ältesten der Gemeinde zu sich; sie sollen über ihn beten und ihn im Namen des Herrn mit Öl salben. Das gläubige Gebet wird den Kranken retten, und der Herr wird ihn aufrichten; wenn er Sünden begangen hat, werden sie ihm vergeben. Darum bekennt einander eure Sünden, und betet füreinander, damit ihr geheilt werdet" (Jak 5, 14–16). In diesem Lichte dürfen wir wohl eine bedeutsame Aufgabe der Senioren jeder Gemeinde sehen. Sie sollen sich gegenseitig besuchen, besonders wenn jemand pflegebedürftig und einsam ist, sich durch ein gelöstes Plaudern gegenseitig helfen. Und all das soll, wenn möglich, in religiöse Aufmunterung und gemeinsames Gebet einmünden. Es ist eine dringende Aufgabe der therapeutisch ausgerichteten Seelsorge, die Senioren dafür zu schulen.

In der Feier der Krankensalbung zusammen mit dem von Jakobus angesprochenen Krankenbesuch ereignet sich sozusagen eine Drei-Einheit von heilender Liebe, stärkendem Glauben und sinnerfülltem Leiden: 1. Durch die Jüngergemeinde will sich die *heilende Liebe Christi* dem Kranken erfahrbar machen. Die herzliche Liebe, die sich hier gegenseitig ausspricht, soll Frucht des Glaubens an die Erlöserliebe Jesu sein. 2. Der Kranke soll so das *Zeugnis des Glaubens* in seiner integrierten Lebenswahrheit erfahren. 3. So wird das *Leiden* gelichtet, in wesentlichen Aspekten geheilt; das zunächst Unheilbare aber tritt ein in Jesu Drei-Einheit von Liebe, Glauben-Vertrauen und Leiden.

Der Kranke, der liebend-dankbar auf die ihm geschenkte Liebe und das Zeugnis des Glaubens eingeht, wird selbst zunehmend zu einem Strahlenzentrum der erlösenden-heilenden Drei-Einheit Liebe-Glaube-Leiden. Er wird befähigt, sein Leiden schöpferisch-erlösend einzubringen in die allumfassende Liebe Christi, die Heil und Heilung für die Vielen bedeutet.

Je mehr sich die Glaubensgemeinschaft bemüht, diese Synthese von Liebe-Glauben-Leiden zu erfassen und zu leben, um so mehr wird sie fähig, diese Botschaft dem Kranken heilend zu vermitteln. Diese Sicht wird auch die ihr entsprechenden Formen der Krankensalbung und des Krankenbesuches finden.

Der Kranke selber und seine Angehörigen werden so nicht zu einem bloßen Objekt der Seelsorge, sondern werden immer besser ihre eigene Berufung zum Glaubenszeugnis erlösender Liebe und gläubiger Sinndeutung und Sinngebung erfassen, die für sie selber und für andere heilende Kräfte wecken und vermitteln.

In seinem Apostolischen Schreiben „Salvifici Doloris" (n. 31) wendet sich Johannes Paul II an alle Leidenden und Kranken: „Gerade euch, die ihr schwach seid, bitten wir, zu einer Kraftquelle für die Kirche und für die Menschheit zu werden."

Die traditionelle Ehezwecklehre hat die heilende Kraft der *Ehe* betont, jedoch oft in einer zu engen Perspektive. Gatten, Eltern und Kinder sollen sich im Ganzen ihrer Lebensgemeinschaft, in all ihren Beziehungen erfahrbare Zeichen der heilenden Gnade Gottes sein. Dazu gehört auch das Bewußtsein, daß sie alle gemeinsam auf dem Weg zunehmender leib-seelischer und geistiger Gesundung sind.

Die Ehevorbereitung soll deutlich machen, daß die Brautleute sich kein utopisches Traumbild voneinander machen sollen, damit sie sich nicht bitteren Enttäuschungen aussetzen. Sie sollen sich dankbar annehmen mit all ihren Lichtseiten, aber auch mit ihren Schatten und Schwächen.

Gerade auch für Eheleute und für alle Glieder der Familie gilt das bekannte Wort von Viktor Frankl, daß die verstehende gegenseitige Liebe „die beste angewandte Logotherapie" ist. Die bedingungslose gegenseitige Annahme gibt jedem die innere Freiheit, sich günstig zu wandeln. Diese Art der Liebe verweist sie stets aufs neue auf Christus, den göttlichen Arzt, der seiner Kirche und jedem von uns trotz allen Versagens seine heilende Liebe zuwendet, und keinen abweist, der bei ihm Heil und Heilung sucht.

Durch die *Priesterweihe* tritt der Berufene in einen neuen Kontakt mit dem gott-menschlichen Arzt als einer, der selbst stets dieses Arztes bedarf und dessen vornehme Aufgabe es ist, seine Mitchristen zum Heiland zu führen. Die diakonische und priesterliche Berufung läßt sich wohl am besten verstehen als die des „verwundeten Arztes". Der Priester braucht keine Maske aufzusetzen. Er kann in Freiheit und mit Demut seine Fehler und Sünden eingestehen, denn er weiß sich genauso wie seine Mitchristen vom göttlichen Arzt angenommen. Und wie er selbst im Blick auf Christus sich den Gläubigen in verstehender, heilender Liebe zuwendet, so bedarf auch er seinerseits der heilenden Annahme durch die andern Gläubigen.

5. Die endzeitlichen Tugenden und menschliches Heil und Heilen

Wie schon früher vermerkt, wird die Grundentscheidung des Glaubens den Menschen um so mehr heilen und zu einer integrierten Person machen, je mehr der Glaube alle Grundhaltungen durchlichtet und gestaltet. Hier sei ganz besonders auf die biblischen eschatologischen Tugenden verwiesen, da es ihnen ja wesentlich ist, den Christen zum Mit-Handelnden der Heilsgeschichte zu machen. Je mehr der Glaubende sich von diesen Tugenden prägen läßt, um so gesünder wird seine Persönlichkeitsstruktur und um so wirksamer kann er an der heilenden Gegenwart Christi teilnehmen.

Ich gliedere die eschatologischen Tugenden vor allem nach den drei Dimensionen der Geschichte: Vergangenheit, Gegenwart, Zukunft.

Durch jene *Dankbarkeit,* die ein Wesenselement der göttlichen Tugenden und eines reifenden Christen ist, öffnet sich der Glaubende den Reichtümern der Heilsgeschichte, allem, was Gott schon gewirkt hat, und allem Reichtum gesunder menschlicher Tradition. Dankbarkeit ist bewußtes Eingehen auf alles, was aus der Vergangenheit, auch aus unserer eigenen, hilfreich auf uns zukommt. Erst durch die Dankbarkeit wird es zu einem wirksamen Ferment des gegenwärtigen Augenblicks. Zu dieser biblischen Tugend gehört nicht zuletzt ein dankbares Gedächtnis, das gern all des Guten gedenkt. Es ist das Gegenteil des kranken Gedächtnisses, das mit Ressentiment, Groll und Unzufriedenheit besetzt, ja bisweilen besessen ist. Der Dankbare reißt nicht stets aufs neue alte Wunden auf. Seine Dankbarkeit strahlt aus und hilft andern, sich vom Jammern und Klagen und Anklagen freizumachen. Dazu gehört freilich auch viel Geschick. Dem Dankbaren fällt solches Geschick oft leicht. Da er selbst offene Augen für alles Gute und ein dankbares Gedächtnis hat, teilt sich das seiner Umgebung mit. Sie lernt dabei, zu sehen, daß solche Dankbarkeit ein Gesundbrunnen ist.

Dem Hier und Jetzt – biblisch: dem kairós – ist die *Wachsamkeit und Bereitschaft* sowie die Kunst der *Unterscheidung* zugeordnet. Durch diese biblischen Grundhaltungen wird der Gläubige fähig, das Heilsangebot der „Stunde" auszuschöpfen. So wird das Ja des Glaubens stets aufs neue zum „Hier bin ich, Herr! Rufe mich! Sende mich!" So bleibt der Mensch nicht in theoretischem Sinnsuchen stecken, sondern verwirklicht dieses Suchen je und je existentiell. Die Unterscheidungsgabe geht Hand in Hand mit der Dankbarkeit und Bereitschaft. So wird der Christ nicht wagen, dem Herrn der gegenwärtigen Stunde etwas anzubieten, was er ihm nicht aus Dankbarkeit anbieten kann für alles, was Er, der Herr, für uns getan, für uns gelitten und uns geschenkt hat.

Bereitschaft als eschatologische Tugend deckt sich mit der Gleichförmigkeit mit dem Willen Gottes im Hier und Jetzt. Das Ergebnis ist die *Gelassenheit,* die die großen deutschen Mystiker, vor allem der selige Heinrich Suso so sehr als Ausdruck des Heiles und Heilseins, als Geschenk des göttlichen Heilers angesehen haben. Die Gelassenheit strahlt Friede und Freude, Fröhlichkeit und Heiterkeit aus. Wer würde nicht sehen, wie heilend solche Haltungen auf die Umgebung wirken! Man muß sich nur einmal die Mühe machen, sie zu vergleichen mit dem ewigen „wenn und aber", mit Nörgeln und Murren,

Unzufriedenheit und mit der ständigen Flucht in die Ausrede und ähnlichem.

In die Dimension der Zukunft verweist die *Hoffnung* und Zuversicht, das Ausschreiten auf die Zukunft, die Mitverantwortung für die Zukunft; konkret sei hier auch genannt die Mitverantwortung für gesunde Umweltbedingungen für die Mitmenschen, auch für die kommenden Generationen. Die eschatologische Tugend der Hoffnung ist nicht Frucht eigener Utopien. Damit sei nichts gesagt gegen aufrüttelnde Utopien, hinreißende Zielvorstellungen. Doch die biblische Tugend ist Antwort auf Gottes Verheißungen, aufbauend auf all den Gaben der Vergangenheit und des gegenwärtigen Augenblickes. In der Hoffnung und Zukunftsverantwortung wirken all die Energien des Glaubens, der Dankbarkeit, der Wachsamkeit, der Bereitschaft, der Gelassenheit und der Unterscheidungsgabe.

Hat der kranke Mensch das Glück, Helfer, Tröster und Heiler zu finden, die von diesen Haltungen geprägt sind, dann öffnen sich ihm Horizonte der Hoffnung, neue Chancen der Sinnfindung und Sinnverwirklichung, auch der Sinngebung für das Unheilbare an seiner Krankheit.

6. Faith-Healing

Ich benütze das englische Wort, da es großen Bewegungen des englisch-amerikanischen Sprachraums entstammt und in den verschiedenen protestantischen Erweckungsbewegungen (revival) und neuerdings in der charismatischen Erneuerungsbewegung auch innerhalb der katholischen Kirche ein bedeutsames Kennwort geworden ist[50].

Es ist unmöglich, all die Phänomene und die jeweilige Geistesart von Faith-Healing und Spirit-Healing auf einen Nenner zu bringen, besonders wenn man auch die einflußreichen und stark wachsenden „Healing-Churches" Afrikas miteinschließt. Sehr viel ist orts- und zeitgebunden, anderes sind Übertreibungen mit einem mehr oder weniger gesunden Kern. Das Gute, das ich herausstellen möchte, ist ein großes Vertrauen auf das Gebet des einzelnen und der Gemeinschaft, Aufruf eines vertrauenden Glaubens, Lobpreis Gottes für sein heilendes Tun, und nicht zuletzt eine begeisterte Gemeinschaft mit charismatischen Persönlichkeiten. Die Art und Weise, in der sich die Begeisterung bisweilen äußert, und die Hervorhebung wundertätiger Heiler mag uns fremd erscheinen. Das darf uns jedoch nicht hindern, die hohe Bedeutung des Enthusiasmus anzuerkennen, besonders wenn alles in den Lobpreis Gottes ausklingt und eine bleibende, das Leben gestaltende Dankbarkeit bewirkt.

In der katholischen charismatischen Erneuerungsbewegung und ähnlich in den charismatischen Gruppen evangelischer Großkirchen wird zu Recht neben und über dem Charisma einzelner das Charisma der gläubig betenden und Gott preisenden Gemeinschaft betont.

Eine Gefahr, die man bisweilen beobachtet, ist eine Tendenz, allen eine Heilung auch leiblicher Krankheiten zuzusichern, „falls sie genügend Glauben haben". Das ist eine illegitime Aneignung des einzigartigen Vorrechtes Jesu, der konkret einem Menschen sagen konnte: „Hab Glauben, und du wirst geheilt!" Zudem wird durch solche Art der Zusicherung jeder Kranke, der tatsächlich eben nicht geheilt wird, indirekt oder gar direkt angeklagt, er habe nicht genug Glauben.

Es sei vor allem auf zwei kennzeichnende Unterschiede meiner Darlegungen über die heilende Kirche im Vergleich zu einer weit verbreiteten Tendenz in Healing-Sekten hingewiesen: Bei den letzteren wird zu sehr das Wunderbare, Außergewöhnliche hervorgehoben, das die wunderwirkende Macht der Charismatiker bzw. der Sekte apologetisch bezeugen soll. Selbstverständlich leugne ich nicht, daß Gott auch in ganz außergewöhnlicher Weise eingreifen kann, doch der Akzent liegt bei uns nicht auf dem Außergewöhnlichen, sondern auf der übergreifenden Heilung, die sich im ganzen Leben auswirkt. Manchen Healing-Sekten geht es hauptsächlich um plötzliche Heilung, während wir das fortdauernde heilende Geschehen betonen. Wir legen den Ton sehr viel eindeutiger auf ein umfassendes Verständnis von Heil und Heilen, auf die therapeutische Natur der gesamten Heilsverkündigung und der Feier der Heilsgeheimnisse. So sehr wir das heilende Charisma einzelner schätzen, so richtet sich unser Blick doch in erster Linie auf die heilenden Kräfte, die der Geist Gottes von innen her weckt, nicht zuletzt im Blick auf die solidarische Verantwortung und Wirkung der Gemeinschaft.

7. Heilung und Befreiung auf den Tod hin

In seinem Lobpreis auf die Erlösung durch Jesus Christus schließt der Völkerapostel mit dem Jubel über unsere Befreiung „vom Gesetz der Sünde und des Todes" (Röm 8,2). Der unerlöste, allen möglichen psychischen und sozialen Zwängen versklavte und von Ängsten geplagte Mensch kann sich mit seinem Tod nicht versöhnen, er kann ihm nicht sinnvoll ins Auge schauen.

Wer sich mit seinem irdischen „Zu-Ende-Kommen", wie es Heidegger ausdrückt, nicht sinnvoll auseinandersetzen kann oder nicht will, lebt ein uneigentliches Dasein, das Sein der „verfallenden Alltäglichkeit", des unpersönlichen „man". Wer sich dagegen mit Ehrlichkeit und Mut zur Wahrhaftigkeit mit seiner Sterblichkeit versöhnt und sich auf einen Tod vorbereitet, der „wesensmäßig der meine ist", und so mit einer „sich selbst gewissen und sich ängstigenden Freiheit zum Tode" sein Leben in seine Hände nimmt, für den ereignet sich wahre Freiheit zum Dasein überhaupt[51].

Der Glaube, der uns Heil und Heilsein schenkt, der Glaube, den wir feiern und aus dem wir unser Leben gestalten, ist immer auch Hinblick auf den Tod Christi als die Quelle unserer Erlösung, aber stets in Einheit mit dem Ausblick auf die Auferstehung. Denn das Heilsgeheimnis der Erlösung besagt immer Einheit von Tod und Auferstehung Christi.

Der in Christus von sinnloser Todesfurcht Befreite, bleibt, oder, genauer gesagt, wird auf neue Weise besorgt, „seinen Tod", den ihm von Gott zugedachten Tod als Vollendung und Heimgang zu sterben. Diese Besorgtheit, die ganz hineingenommen ist in das Gottvertrauen und den Lobpreis auf das Heilsgeheimnis des Todes und der Auferstehung Christi, befreit für das Leben. Im Lichte des kairós unseres Todes wird jede Stunde der Entscheidung im Verlaufe unseres Lebens zu einer Gnadenstunde. Der Hebräerbrief spricht deutlich von einer sklavischen

Todesfurcht des unerlösten Menschen, der sich dem Sinn des Todes und so auch dem wahren Sinn des Lebens verschließt. Dem steht gegenüber die Heilsverkündigung vom Erlöser, der „Fleisch und Blut angenommen hat, um durch seinen Tod den zu entmachten, der die Gewalt über den Tod hat, nämlich den Teufel, und um die zu befreien, die durch die Furcht vor dem Tod ihr Leben lang der Knechtschaft verfallen waren" (Hebr 2, 14–15). Die rechte Einstellung zum Tod und von dort her auch zu Leiden und Krankheit, hat sehr viel mit vollmenschlicher Gesundheit zu tun. Ivan Illich drückt es so aus: „Die bewußt gelebte Gebrechlichkeit, Individualität und Offenheit des Menschen machen Erfahrung von Schmerz, Krankheit und Tod zu einem integralen Bestandteil seines Lebens. Die Fähigkeit, diese Dreiheit autonom zu bewältigen, ist Grundlage seiner Gesundheit."[52]

Wer sich auf den Tod vorbereitet, den er als Heimruf des kommenden Herrn versteht, wird sein Leben und seine Gesundheit nicht sinnlos aufs Spiel setzen. Der Gesundheitsdienst der Kirche muß mithelfen im Kampf gegen den unnatürlichen, zur Unzeit herbeigerufenen Tod. Damit ist nicht nur der Selbstmord gemeint, sondern auch die zahllosen durch Unverantwortlichkeit herbeigerufenen Unfälle, der verfrühte Tod infolge von Süchtigkeiten wie Mißbrauch des Alkohols, Zigarettenrauchen und durch einen ungesunden, unvernünftigen Lebensstil. Immer mehr werden wir uns heute bewußt, wie die Ehrfurcht vor dem Herrn über Leben und Tod uns für ein gesundes ökologisches Gleichgewicht, für Umweltvorsorge verpflichtet.

Seelsorger, gläubige Verwandte und die pflegenden Berufe sollten es als eine privilegierte Aufgabe ansehen, den Sterbenskranken liebende Zuwendung zu schenken und ihnen zu helfen, Ja zu sagen zum herannahenden Tod. Dazu sollen sie sich auch die verfügbare Kenntnis über die Phasen verschaffen, durch die das Erfahren der Sterbenden gewöhnlich schreiten muß. Es geht vor allem auch darum zu „verstehen, was Sterbende sagen wollen"[53], um ihnen jeweils auch das rechte, tröstende, versöhnende und helfende Wort zu sagen. Unter Wort verstehe ich selbstverständlich auch Gesten, die dem Sterbenden oft mehr sagen als die bloßen Worte.

Wer mit dem Tod versöhnt ist und sich bereitet, seinen Tod zu sterben, wird am ehesten die Versöhnung mit Gott, mit seinen Nächsten, mit sich selbst als Wesensbestandteil menschlicher Gesundheit erfahren. Gerade darin zeigt sich die Macht des Glaubens.

VI. Verwundete Heiler in einer verwundeten Gesellschaft

Der Heiland der Menschen selbst ist der Archetypus des „verwundeten Arztes". Wir sehen in Christus die Erfüllung dessen, was durch Deutero-Jesaja vom Gottesknecht vorausgesagt ist: „Ein Mann voller Schmerzen, mit Krankheit vertraut ... Er hat unsere Krankheit getragen und unsere Schmerzen auf sich geladen ... Durch seine Wunden sind wir geheilt" (Jes 53,3–5). Er ist in allem uns gleich geworden, außer der Sünde.

Wenn wir in den folgenden zwei Kapiteln vom „verwundeten Arzt" sprechen, zuerst im Blick auf die heilenden und helfenden Berufe der heutigen Welt und dann vom kirchlichen Dienst an Heil und Gesundheit, so sprechen wir vom gemeinsamen Zustand aller Patienten und Heiler. Wir alle sind verwundet, bedroht und teilweise angesteckt von den Krankheiten der Umwelt, unserer Zeit und Kultur. Wir alle sind verwundet von der Sünde als Unheilssolidarität. Aber wir wenden uns dem Arzt, nicht zuletzt dem Psychotherapeuten besonders zu, der in seinem heilenden Wirken nicht nur ständig mit Schmerz und Krankheit vertraut ist, sondern in vielfältiger Weise an der Krankheit, an den Wunden seiner Patienten mitträgt, durch „Übertragung" seine eigene Verwundung auf eine schmerzliche Weise erfährt und von den Reaktionen des Patienten gerade deshalb verwundet wird, weil er infolge des Mitgefühls, der Hingabe irgendwie angesteckt wird und alte Wunden neu erfährt. C. G. Jung hat in verschiedenen Ausführungen über die „Übertragung" den Archetypus des „verwundeten Arztes" zu beschreiben versucht. Dieser Archetypus bedeutet vor allem symbolisch „das Wissen um eine Wunde, an welcher der Arzt mitleidet" [54]. Jung exemplifiziert das Phänomen, das in seiner Sicht eine tiefere, umfassendere Bedeutung hat, durch folgenden Aspekt in der psyhotherapeutischen Erfahrung: „Die besondere Gemütslage des Patienten hat ansteckende Wirkung, man könnte fast sagen, sie finde Resonanz im Nervensystem des Analytikers, der darum wie der Irrenarzt geneigt ist, etwas seltsam zu werden. Es gehört ganz bestimmt zum Problem der Übertragung." [55]

Alles Helfen- und Heilen-Wollen hat etwas zu tun mit dem Sterben des Weizenkornes, mit dem Mittragen Christi an unserer Last. Das Helfen hat heilende Kraft für den Helfer, kann aber für den verwundeten Helfer infolge seiner eignen ungeheilten oder schlecht vernarbten Wunden nicht ungefährliche Spannungen mit sich bringen.

1. Würde und Risiken der heilenden Berufe

Die heilenden Berufe erfreuten sich in allen Religionen und Kulturen hoher Achtung und Bedeutung. Sie suchten weithin durch ein hohes Ethos, das der Stand zu garantieren strebte, sich der sozialen Ehre würdig zu machen. Die heilenden und helfenden Berufe (Ärzte, Psychotherapeuten, Krankenpfleger[innen], Fürsorger[innen], Kindergärtnerinnen usw.) setzen einen hohen Grad von Altruismus, Hingabebereitschaft, Einfühlung und Zuverlässigkeit voraus. In dem Maß, als sie ihre Aufgabe mit Verantwortung, rechter Gesinnung und Kompetenz erfüllen, nehmen sie auf ihre Weise am Geheimnis der Erlösung teil. Zur biblischen Botschaft von der Erlösung gehört jedoch auch, daß Heiler wie Geheilte und zu Heilende und auch die Institutionen, die ganz auf Heilen und Helfen abgestellt sind, ständiger Erneuerung, Befreiung, Versöhnung bedürfen. Alle, die das Heil verkünden, die Boten und Diener der Versöhnung, und alle, die der Gesundheit der einzelnen und der Gemeinschaft dienen, bedürfen der Hilfe des göttlichen Arztes und der gegenseitigen Hilfe.

Die jungen Männer und Frauen, die im Verlauf der Jahrhunderte in Krankenpflegeorden eingetreten sind und mit oft unzureichenden Mitteln den Kranken und Alten gedient haben, wußten, welch hohe Anforderungen ein solcher Beruf stellt. Es heißt nicht weniger als von Beruf für andere da sein, die Last anderer tragen. Für Christen bedeutet dies, auf Christus hinweisen, der unser aller Last getragen hat, „durch dessen Wunden wir geheilt sind".

Die heilenden Berufe weisen eine große Nähe zum Priesterberuf auf. In vielen Kulturen überschnitten sich diese Berufe, vereinten sich in der gleichen Hand oder lebten sonstwie in einer Symbiose. Sie suchten durch ihr ganzes Tun, das Dasein in schwierigen Situationen zu deuten. Sie standen im Dienste des Heiligen. Im Verlauf der Differenzierung zwischen religiösen und heilenden Funktionen gab es selbstverständlich auch Konflikte und Mißverstehen zwischen Priestern und Heilern, sogar Mißgunst und Neid[56].

Auch Berufsgruppen als solche sind angefochten von Sünde und unheilvollen Mächten des Unterbewußten und der kollektiven Struktur. Mit anderen Worten: alles und alle bedürfen der Erlösung, Läuterung.

Im Christentum, das Gottes- und Nächstenliebe in ihrer unverbrüchlichen Einheit betont, sind die heilenden und helfenden Berufe von ganz zentraler Bedeutung. Ohne ihr Zeugnis sind Heilsdienst und Heilsverkündigung undenkbar. Doch als Christen meinen wir nicht, ein Monopol auf Altruismus zu haben. Wo immer gesunder Altruismus in den heilenden und helfenden Berufen gegeben ist und in dem Maße, als er echt ist, verweist er auf den Gott der Liebe und das Geheimnis der Erlösung, selbst wenn es denen, die diesen Altruismus leben, nicht oder nur unvollkommen zum Bewußtsein kommt. Darauf weist schon die Gerichtsdeutung des Matthäusevangeliums hin (25, 31–46).

Aus all diesen Gründen wird auch deutlich, wie sehr die heilenden und helfenden Berufe der dankbaren Liebe, aber auch der Deutung und Unterstützung durch die kirchliche Heilssorge bedürfen. Insbesondere der verwundete Heiler und Helfer bedarf verstehender Einfühlung und umfassender Hilfe, und zwar nicht nur von seiten des Priesters, sondern von der gesamten Heilsgemeinschaft. Ist er dort beheimatet und verstanden, kann er das Wagnis des „verwundeten Heilers" eher auf sich nehmen.

Wenn die Behauptung zutrifft, daß gerade Ärzte und Krankenpfleger für sich selbst nicht oder nicht rechtzeitig die Hilfe eines Therapeuten annehmen[57], wo sie dessen dringend bedürften, so ist es noch viel tragischer, wenn Männer und Frauen, die ihre Kräfte in heilenden und helfenden Berufen verzehren, der Heilssorge ermangeln oder sich von ihr distanzieren.

Es stellt sich freilich auch die Frage, ob Theologen und Seelsorger sich der Problematik bewußt sind und sich fähig machen, sich dieser Aufgabe im Verein mit Vertretern heilender und helfender Berufe mit Kompetenz zu widmen.

2. Die hilflosen Helfer

Für mehrere Länder, in denen die moderne technische Medizin hoch entwickelt ist, kann kaum an der Tatsache gezweifelt werden, daß Ärzte und Krankenpfleger, die in der „Gesundheitsindustrie" arbeiten – und sich oft überarbeiten –, mehr von Depressionen und Selbstmordversuchen befallen werden als der Durchschnitt der Bevölkerung[58]. Dies stellt sehr viele Fragen zuerst an die heute bestehenden Institutionen, an die Art der Berufsausbildung, an das gegenwärtige Modell der „health-delivery" („Gesundheitsindustrie" und dergleichen Bezeichnungen, die schon in sich verräterisch sind), aber auch an die Kirchen, ihre Pastoral und ihre Theologie.

In seinem Buch „Die hilflosen Helfer", das viel Beachtung, aber auch Kritik erfahren hat, sieht der Psychologe und Therapeut Wolfgang Schmidbauer das „Helfer-Syndrom" als Hauptursache der vielen seelischen Depressionen und psychosomatischen Erkrankungen unter Ärzten und Pfleger(innen) und deutet es vor allem als Folge frühkindlicher Erfahrungen. In einem Nachwort zur 10. Auflage („Nachgedanken zum Helfer-Syndrom") sagt er ganz offen, daß ihn vor allem die Vertreter der Sozialwissenschaften und sozialer Berufe nachdenklich gemacht haben. Er ist bereit zu gesellschaftskritischen Erwägungen. Die

Absicht Schmidbauers ist es nicht, den nachgewiesenen Altruismus der helfenden Berufe sauer zu machen. Im Gegenteil, er meint, daß das Helfer-Syndrom in seinen milderen Formen ein altruistisches Ethos stützen und zusammen bestehen kann mit Kreativität, Ausdauer und echter Opferbereitschaft. In ernsteren Formen, die ja wohl kaum zu leugnen sind, erklärt er das Helfer-Syndrom durch die verletzenden Erfahrungen des „abgelehnten Kindes", durch ein falsches Sich-Beugen unter autoritäre und alles kontrollierende Eltern und andere Bezugspersonen, zusammen mit einem übersteigerten Ideal. Der Helfer bzw. Heiler, der den Entzug der Zuwendung schmerzlich erfahren hat, kann von dem – an sich richtigen – Gedanken besessen sein, „die mir als Erzieher, Heiler anbefohlenen Menschen sollen Liebe, Zuwendung spüren: es soll ihnen nicht so gehen wie mir." Doch die Übermacht des Über-Ich, das Leiden unter einem unerreichbar hoch gespannten Ideal führen dabei leicht zu Starrheit gegen sich und gegen die umsorgten Menschen. Folgen sind oft, daß die Gegenseitigkeit des Bezugs zu kurz kommt. Der Helfer will helfen, ohne selbst sich zuzugestehen, daß auch er nach Zuneigung, Dankbarkeit, Angenommensein hungert. Das Sich-Nicht-Eingestehen dieses Hungerns stört das Helfen selbst – es fördert nicht die Freiheit des andern – und macht echte Gegenseitigkeit schwer oder gar unmöglich. Das Helfer-Syndrom führt oft zu einer Art Süchtigkeit, sich ganz dem helfenden Beruf hinzugeben, unter Vernachlässigung der privaten Sphäre, der eigenen Familie und eigener, oft nicht eingestandener, aber doch mächtiger Bedürfnisse.

Unter dem Druck eines starken Helfer-Syndroms

kommt gerade das heilende Verhältnis „des verwundeten Arztes" zum Kranken nicht zum Tragen. Der vom Helfer-Syndrom Gefangene oder Befangene kann es sich und dem Partner nicht schlicht zugestehen, daß auch er „verwundet" ist und des anderen in echter Gegenseitigkeit bedarf. Der Psychologe und Therapeut Schmidbauer sieht diese Gefahr vor allem unter Psychoanalytikern und Vertretern verschiedener psychotherapeutischen Schulen, unter denen er viel Intoleranz, Neid und Mißtrauen feststellen zu müssen glaubt, Haltungen, die sich dann im zwischenmenschlichen Verhältnis der einzelnen Therapeuten widerspiegeln[59].

Der vom Helfer-Syndrom Befallene fühlt sich gewissermaßen in seinem Element mit Kranken, die sich infolge ihrer regressiven Neurosen gern bemuttern, „versorgen" und so irgendwie „vereinnahmen" lassen. Begehrt der Patient oder Pflegling dagegen auf, so klagt der Helfer mit Helfer-Syndrom über Undankbarkeit, während er sonst sich und anderen versichert, er brauche den Dank nicht. Willi meint: „Gerade bei Krankenschwestern läßt sich oft beobachten, daß sie am Patient mehr Freude haben, solange er völlig hilflos ist, als wenn er seine Autonomie zurückgewonnen hat."[60] Er erklärt dies mit infantilen Bedürfnissen. Schmidbauer sieht das Helfer-Syndrom vor allem übermächtig in großen Nervenkrankenhäusern. Die Psychiater und Pfleger müssen auf Ordnung und Disziplin achten. Aber die Gefahr ist, daß sie fast ausschließlich auf Gefügigkeit der Patienten achten und ihnen keine Verantwortung und schöpferische Mitarbeit zutrauen[61]. Es sei hier schon vermerkt, daß sich diese Gefahr auch innerhalb der Kirche oft überdeutlich gezeigt hat: in einer Moral, die einseitig Unterordnung und Bravheit betonte, und in einer dementsprechenden Seelsorge, wo das Phänomen durch krankhaft autoritäre Kirchenmänner noch enorm verschlimmert wurde. Sowohl in den heilenden und helfenden Berufen wie in der Kirche ist das Entlassen-Können in die Freiheit, das bewußte Hinführen zu eigener schöpferischer Freiheit ein entscheidendes Kriterium. Nimmt der Helfer, ganz gleich in welchen helfenden, heilenden oder seelsorglichen Berufen seinen eigenen „Schatten" bewußt an, sieht er in all seinen persönlichen und beruflichen Beziehungen, daß auch er ein „Verwundeter" ist und jeweils des andern bedarf, dem er dienen soll und will, so lassen sich Exzesse des Helfer-Syndroms vielfach vermeiden.

Die gesunde Dankbarkeit und das Sich-Eingestehen, daß wir Anerkennung, Bekräftigung und Dankbarkeit brauchen und zugleich den andern schenken dürfen, haben große heilende Kraft: sie dienen heilen und heilenden Beziehungen. Eine eingebildete „Selbstlosigkeit", die sagen oder denken läßt: „Ich brauche die andern nicht", verschließt den Menschen dem gesunden Verständnis und der Verwirklichung des Gebotes: „Liebe deinen Nächsten *wie dich selbst*".

Der Psychoanalytiker und Psychiater Stanley A. Leavy sieht einen Hauptgrund für die Anfälligkeit von Psychologen und Ärzten für allerlei ihren Beruf und ihre ganzheitliche Gesundheit schädigende Syndrome in der Verschlossenheit gegenüber der Transzendenz. Er weist z. B. auf Sigmund Freud, der einem weit verbreiteten Trend folgte und allen Bezug auf Transzendenz, allen Glauben an einen persönlichen Gott a priori als krankhaft abwies und dementsprechend das Dasein ohne und gegen Religion deuten zu müssen glaubte. Dann kommt es, daß vor allem höhergestellte Vertreter der heilenden Berufe glauben, so ein wenig Gott spielen zu sollen. Man nimmt dem Patienten die Verantwortung ab und leugnet seine Freiheit. Leavy verweist mit Karl Menninger auf atheistische Psychoanalytiker, die sich rühmten, daß ihre Patienten im Verlauf der Analyse sich von Religion frei gemacht hatten. Leavy sieht wie Menninger darin den „Erfolg" einer Manipulation, einer ziemlich bewußten oder aber in anderen Fällen mehr oder weniger unbewußten Gegenübertragung, einer gut eingepackten Überredung zum Unglauben[62]. Kommt dazu noch eine Konzentrierung auf egozentrische Selbstverwirklichung, so wird Therapie zu einer kolossalen Ansteckung mit einer der zerstörendsten Krankheiten. In diesem Zusammenhang kann Leavy auch zeigen, wie ungesund und schädigend es ist, wenn Vertreter der Religion ihren Anhängern nicht gestatten zu zweifeln und ehrlich nach Wahrheit zu suchen, und statt dessen ein ganzes Paket von Wahrheiten („Sicherheiten") und Weisungen auferlegen wollen. Wer so handelt, ist nicht ein „verwundeter *Heiler*", sondern ein Kranker, der andere krank macht und selbst erst lernen sollte, Heilung von seiner autoritären, selbstbefriedigenden Krankheit zu suchen, wahre Befreiung für Gott und für den Nächsten.

3. Unsere Senioren als „verwundete Heiler"

Eine privilegierte Dimension des Heilens ist das verständnisvolle Pflegen. Es verhindert und heilt viele seelische Wunden und hat vielfache psychosomatische Auswirkungen.

In unserer industriellen, städtischen Gesellschaft mit der Kern-Familie sind die Senioren eines der brennendsten sozialen Probleme. Frühpensionierung, das plötzliche Ausscheiden aus dem Arbeitsleben bei noch voller Arbeitsfähigkeit, mangelnde Bildung für den Sinn der Muse, das peinvolle Gefühl des Nicht-mehr-nützlich-Seins, Isolierung auf dem Abstellbahnhof von ungeeigneten Altersheimen und Pflegeheimen, der Witwer-Stand, das Vernachlässigtwerden durch Angehörige, Verwandte und frühere Freunde und schließlich zunehmende altersbedingte Beschwerden, Schwerhörigkeit und dadurch gestörter Kontakt sind einige der wichtigsten Phänomene, die Gesellschaft und Kirche herausfordern, um heilende, helfende Antwort zu finden[63].

Dabei können die Senioren selbst ein schier unerschöpfliches Potential heilender und pflegender Kräfte sein, gerade auch in der Sicht des „verwundeten Heilers"; aber auch darüber hinaus. Den Senioren könnte und sollte nach urchristlicher Überlieferung mehr Raum für aktive Beteiligung am kirchlichen Gemeindeleben gewährt werden. Das gilt in gleicher Weise für Männer und Frauen. Mit dem zunehmenden Mangel an Priesterberufen unter der Jugend muß sich die Kirche schließlich ernst fragen, ob sie das unerschöpfliche Potential der lebenserfahrenen und vielfach hochbegabten und liebesfähigen Senioren unberücksichtigt lassen kann, nur weil es nicht in das Schema der letzten Jahrhunderte hineinpaßt. Ein guter Prozentsatz unserer Senioren, die ja jetzt schon in einem Alter von weniger als sechzig Jahren bisweilen aus dem Arbeitsmarkt ausgeschaltet sind, wären fähig zur Doppelsendung der Kirche: zur Heilsverkündigung (einschließlich der Feier der Heilsgeheimnisse) und zum Heilen/Pflegen.

Den Senioren soll reichliche Möglichkeit zur Weiterbildung angeboten werden, auch von seiten der Kirche. Die Gesellschaft täuscht sich, wenn sie sich weigert, dies zu tun, weil solche Weiterbildung nicht „vermarktet" werden kann. Denn gerade daran krankt unsere Kultur, daß sie so wenig pflegt, was jenseits der Vermarktung seinen Eigenwert hat. Weiterbildung könnte z. B. auf dem Gebiet der das Altern verstehenden Wissenschaften liegen, und zwar nicht nur im Blick darauf, wie die an dieser Bildungsmöglichkeit Beteiligten dadurch befähigt werden, ihre eigenen Probleme sinnvoll zu bewältigen, sondern auch, um andern Senioren, vor allem den Ältesten und am schwersten Betroffenen helfen zu können.

Geeigneten Senioren könnte eine besondere Vorbereitung und Mission für die seelsorgliche und ganzheitliche Betreuung der Alten angeboten werden. Sie können, wie der Jakobusbrief es befiehlt, mit den Kranken beten, ihnen helfen, lebenswahr zu beten, den Sinn ihrer Leiden zu finden. Die Kirche sollte auch die Frage zu lösen versuchen, ob diese „Älteren" nicht dazu geweiht werden könnten, das Sakrament der Krankensalbung zu spenden. Jedenfalls können sie auf den Empfang vorbereiten und selbst als „Älteste der Gemeinde" dabei aktiv mitwirken (vgl. Jak 5,14).

Durch volle Aktivierung der Senioren könnte vielen altersschwachen und kränklichen Menschen die Einlieferung in ein ungastliches Pflege- und Altersheim erspart werden. Die Senioren können beides auf integrierte Weise tun: tröstend heilen-helfen und pflegen. Eine solche zeitmäßige Erneuerung des altkirchlichen Institutes der „Ältesten" und der „Witwen" würde auch jene Senioren, die sich dabei engagieren, vor vielen Anfälligkeiten des Alters schützen, sie würde ihnen helfen, in der Sinnerfüllung ihres Lebens zu wachsen und zugleich lebensnahe Abbilder und Helfer des göttlichen Heilandes zu werden.

4. Familie: Solidarität verwundeter Heiler und Helfer

Die Humanwissenschaften, vor allem Psychologie, Soziologie und Anthropologie, haben intensiv das Wechselverhältnis von Familie und Individuum, Familie und Kultur, Wirtschaft, Gesellschaft studiert. Die Strukturen, Prozesse und Interaktionen der Familie mit ihrer gesamten Umwelt lassen das Gute fruchtbar werden, decken aber auch das Ungesunde und Verwundende, Gefährdende in Familie und Umwelt auf.

Nach christlicher Sicht ist die Familie berufen, eine Heilsgemeinschaft zu sein, dem Heil, Heilsein und Heilwerden ihrer Mitglieder und ihrer Umwelt zu dienen. Die Familie ist zugleich aber auch äußerst verwundbar im Miteinander, Füreinander oder auch Gegeneinander ihrer Glieder, verwundbar auch von seiten der Umwelt, vor allem, wenn die Familie nicht mehr oder weniger bewußt ihre Verantwortung für ihre Umwelt wahrnimmt.

Die größte heilende Kraft der Familie ist die gegenseitige Liebe, das gegenseitige Angenommensein und Annehmen, unverbrüchlicher Treuewille und stete

Bereitschaft zu Verzeihen und Versöhnung. Dies ist die bewährteste „Logotherapie".

Die Helfer in den heilenden und sozialen Berufen und die entsprechenden Institutionen sind weitgehend damit beschäftigt, die Mängel der Familien auszugleichen, die dort zugezogenen Wunden zu heilen. Die Frage stellt sich: Sind Kirche und Gesellschaft, einschließlich der heilenden und helfenden Berufe hinreichend damit beschäftigt, die Familie selbst gesund zu erhalten, zu heilen und für sie gesunde soziale und kulturelle, wirtschaftliche und politische Vorbedingungen zu schaffen? Tun Kirche und die verschiedenen Institutionen für Erziehung und Bildung das Ihrige, um die jungen Menschen auf Ehe und Familie vorzubereiten?

Die helfenden und heilenden Berufe können, wenn ihren Mitgliedern eine entsprechende Vorbereitung und ständige Weiterbildung gegeben wird, den verwundeten Familien wichtige Hilfe leisten, außerdem können sie nicht wenig lernen, zum Heilsein ihrer eigenen Familie kreativ beizutragen. Doch die Helfer und Heiler können sich so von ihrem Beruf, von Leistungsdruck und Helfen-wollen in Anspruch nehmen lassen, daß darunter die ehelichen und familiären Beziehungen leiden. Vorübergehende und noch mehr lang dauernde Spannungen zu Hause können zur Flucht in den Beruf und zu einem kompensierenden Helfer-Syndrom führen. So äußert sich ein Arzt: „Meine Frau schläft nicht mit mir, weil sie die Pille nicht verträgt. Ich bin gekränkt, aber sage es nicht. In der Klinik fühle ich mich wohler, ich bleibe abends immer länger."[64] Oder: die Frau klagt häufig und eifersüchtig, daß ihr Gatte sich zu sehr seinem Beruf zuwendet. Vielleicht hat sie damit recht, aber ist ungeschickt im Übermaß und in der Art ihrer Kritik. Das kann den Gatten veranlassen, sich noch einseitiger seinem helfenden oder heilenden Beruf zuzuwenden, eben weil er von seiner eifersüchtigen Frau nicht die nötige Zuwendung und Erfüllung empfängt. So gibt es einen circulus vitiosus.

Noch verletzender ist es für einen Gatten, wenn der Partner aus reinem Erfolgsstreben ganz in der modernen Leistungsgesellschaft absorbiert wird. Zweifellos ist die unsere moderne Industriegesellschaft krank machende Manie ständigen quantitativen Wachstums, ständig den Familien und einzelnen mehr Konsum aufzureden, eine schwere Gefahr für gesunde Beziehungen in der Familie. Dazu kommt noch, in Verbindung mit unserer Konsum- und Leistungsgesellschaft eine Weltanschauung, wenn nicht gar eine Süchtigkeit, allein an die eigene Selbsterfüllung zu denken.

Die ständig gespannten ehelichen Beziehungen versehren die seelische Gesundheit der Kinder und produzieren viele psychosomatische Schädigungen.

In einer nach Demokratie strebenden Kultur wird autoritäres Verhalten eines Eheteils oder beider Eltern Ursache mancher Neurosen und Psychopathien der Kinder und/oder auch der Gatten selber.

In Ehe und Familie treffen sich in unausweichlicher Zusammengehörigkeit Menschen, von denen jeder seine gesunden, heilenden Kräfte, aber auch gefährliche, ansteckende oder provozierende Schatten hat. Wer in die Ehe eintritt mit der Vorstellung von einem Idyll, von absolut idealen Partnern, wird sich entweder zermürben oder fliehen, oder aber, wenn ihm geeignete Hilfe und Erleuchtung zufällt, Ja sagen zur Gegenseitigkeit der „verwundeten Heiler".

Das Gegenteil ist das ständige Spiel des „Ja-Aber" [65]. Der „Ja-aber-Spieler", der „Wenn-und-aber-Spieler" macht sich zum Opfer oder ist Opfer starker Gefühle von Hilflosigkeit, von ohnmächtiger Sehnsucht, umsorgt und bejaht zu werden; anderseits macht er dem Partner die Zuwendung fast unmöglich, wird von Wut gegen sich und die andern geplagt. So schwer die „Ja-aber-Spieler" zu behandeln sind, sie brauchen heilendes Verstehen und Hilfe. Sie sollen lernen, das leidige Spiel mit dem Wenn und Aber zu durchschauen. Gerade solche Menschen brauchen eine kompetente, ganz und gar therapeutische Heilssorge. Hier sei erinnert an die heilende Kraft der eschatologischen Grundhaltungen und einer geduldigen Erziehung dazu.

5. Die „verwundeten Heiler" und die Heilung des öffentlichen Lebens

Zahnärzte werden in unserer Leistungsgesellschaft für jede Reparatur an Zähnen bezahlt. Dagegen „verdienen" sie nichts durch Erziehung ihrer Patienten und des Publikums zur Bewahrung gesunder Zähne. Nun ist es aber so, daß in einer ausgesprochenen Leistungs- Konsumgesellschaft vor allem das zählt, was zählt, was Warencharakter hat. In „health-delivery", schon im Wort und in der ganzen Organisation, bekommt auch ‚Gesundheit' Warencharakter, aber es handelt sich nicht so sehr um voll menschliche Gesundheit, als vielmehr um Reparaturen, die zum großen Teil überflüssig gemacht werden könnten.

Es geht mir in diesen kurzen Ausführungen nicht um das weite und ungemein komplexe und höchst bedeutsame Feld der „Heilung des öffentlichen Lebens"[66]. Ich gehe hier dieses Thema begrenzt aus der Sicht des ‚verwundeten Heilers' an. Heiler und Helfer begegnen nicht nur Tag für Tag Menschen, die in vielfältiger Weise leiden infolge einer unheilen Gesellschaft und Kultur; sie selbst sind weithin verwundet als einzelne und als Berufsgruppe, verwundet und behindert auch in ihrem heilenden Tun durch ungesunde und ansteckende Entordnungen in der Umwelt. Am greifbarsten werden seit einigen Jahrzehnten die ökologischen Unordnungen, die an vielen Krankheiten, z. B. Krebs, und an negativem Verlauf der Heilungsbemühungen schuld bzw. mitschuld sind.

Deutlich macht sich der negative Einfluß der Leistungs- und Konkurrenzgesellschaft mit ihrer Hast und ihrem Druck im sogenannten Streß, der Ursache von schweren Herzerkrankungen, aber auch vieler psychosomatischer und somatischer Krankheiten ist.

Die helfenden und heilenden Berufe sollten sehr viel mehr gesellschaftskritisch sein, in dem Sinn, daß sie als Gruppen und einzelne das öffentliche Gewissen wecken und an einer Umerziehung und an einem Umdenken mitwirken. Dies haben in mehreren Ländern Ärzte und andere Glieder der heilenden Berufe vorbildlich begonnen. Sobald ihnen der Zusammenhang von schwerem Zigarettenrauchen und Erkrankungen klar wurde, haben sie sich selbst energisch vom Rauchen entwöhnt. Ich kenne genug Fälle, in denen Ärzte ihren Patienten höflich und klar sagten: „Ihre eigentliche Krankheit ist Ihre Abhängigkeit von Nikotin, vom Rauchen." Die medizinischen Berufsverbände haben sich in dieser Hinsicht viel energischer an öffentlicher Bewußtseinsbildung und Motivierung beteiligt als kirchliche Instanzen und Moraltheologen. Dies erklärt sich vor allem aus ihrer größeren Kompetenz und aus der Anschaulichkeit ihrer Berufserfahrung. Doch stehen die heilenden Berufe dem umfassenderen Problem der Suchtgefahren weithin hilflos gegenüber, ja viele Ärzte sind unter dem Streß und unter den unheilen Bedingungen ihres Berufsfeldes sogar besonders anfällig für Alkoholismus und Abhängigkeit von psychotropischen Drogen. Sie sind ‚verwundete Heiler', verwundet und behindert in ihrem Heilen unter dem manipulierenden Druck der Pharma-Industrie und insbesondere deren täglicher Werbung für Psychopharmaka.

Die heilenden und allgemein die helfenden Berufe haben gegenüber der Kultur, die alles vermarkten will, einen gewissen seelischen Freiraum. Die Hingebung, mit der sie vielfach jenseits aller Fragen der Bezahlung den Kranken und Hilfsbedürftigen dienen, ist ein hoher Kulturwert. Helfen und Heilen läßt sich eben nicht schlechterdings vermarkten. Wolfgang Schmidbauer meint, „daß die moderne Industriegesellschaft mit ihren Wachstums- und Fortschrittszwängen so sehr an sich selbst zu leiden anfängt, daß sie gezwungen ist, Nischen zu erlauben, in denen ihre Werte zeitweise außer Kraft gesetzt werden können. Und ich glaube, daß sich Veränderungen dieser Gesellschaft am Rand dieser Nischen abspielen."[67] In dieser Hinsicht, wie auch aus vielen anderen Gründen, ist es sehr zu bedauern, daß sich die Zahl jener Christen, die sich aus religiösen Motiven zu Helferberufen in Orden oder Säkularinstituten entschließen und durch sinnvolle Erfüllung des Armutsideals das Helfen und Heilen des Warencharakters entkleiden, erschreckend zurückgeht. Die Ordensgemeinschaften müssen bewußt an diesen Beitrag zum heilenden Wandel unserer Gesellschaft denken und diesbezüglich als Ferment innerhalb der helfenden und heilenden Berufe wirken. Auch sie müssen sich Rechenschaft ablegen, daß sie ‚verwundete Heiler' sind. Je bewußter sie ihre Aufgabe zur Heilung ihres Berufsstandes und der Gesellschaft wahrnehmen, um so eher werden sie sich gegen die ständige Ansteckungsgefahr durch eben diese kranke Gesellschaft immunisieren. Das gilt auf ihre Weise von allen helfenden und heilenden Berufen und jedem Christen, der gemäß der Überzeugung handelt, daß wir berufen sind, „Salz der Erde" zu sein.

VII. Die Kirche:
ein „verwundeter Heiler"

Im Hintergrund oder Vordergrund unserer Ausführungen stand immer die Kirche als ganze, in allen ihren Dimensionen, die lehrende, heilsverkündende, die feiernde Kirche, die Pilgerkirche. Hier geht es um eine Zusammenfassung in der Perspektive der ‚verwundeten Heilerin'.

1. Der Priesterstand und seine Wunden

Gemeint ist hier der ganze Priesterstand, einschließlich der Bischöfe und Diakone, das Dienstpriestertum, das dem „priesterlichen Volk Gottes" dient, auf daß es als ganzes ein heiliges, heiles, Gott wohlgefälliges Volk werde, fähig zur Anbetung Gottes im Geiste und in der Wahrheit, und fähig, „Salz der Erde" zu sein.

Viele Chancen und Gefahrenlagen, die wir bei den heilenden und helfenden Berufen im allgemeinen gesehen haben, betreffen auch den Priesterstand. Auch die Priester sind bestenfalls verwundete Heiler, die gerade darum vom göttlichen Heiland in besonderer Weise zum Heilen befähigt werden, weil und sofern sie um ihre eigenen Wunden wissen.

Wir denken an mehr oder weniger verwundete Theologen, die samt ihrer Theologie und teilweise durch ihre Theologie verwundet sind, wenn ihrer

Theologie die Heilsdynamik, die Hirtensorge und die therapeutische Dimension abgeht. Theologen und die von ihnen ausgebildeten Priester und Bischöfe können an einer Leistungsmoral, an einer Gesetzesethik kranken. Eine einseitige Gehorsamsethik kann zu einem zugleich unsicheren und autoritären Über-Ich beitragen: Bücklinge nach oben und „Richter" nach unten. Wir denken an das aus der Feudalzeit und der Reichskirche stammende System der Ehrentitel und Beförderungen, die der Reinheit der Motivierung im Wege stehen können. Wir denken an verwundete Bischöfe, die in nach außen protzenden, aber unwohnlichen Palästen der Feudalzeit wohnen und nicht wissen, wie ausbrechen.

Vor uns steht die große Schar eifriger Priester, die sich bis zur leiblichen, seelischen und geistlichen Selbstschädigung in ihrem Dienste aufreiben. Das Syndrom des Aktivismus wird durch den Druck der Leistungsgesellschaft noch verstärkt.

Dazu kommt der teilweise katastrophale Priestermangel, der wenigstens teilweise mit einem nicht klaren, der göttlichen Sendung und den Zeichen der Zeit entsprechenden Priesterbild zusammenhängt. Die Ausbildung vieler unserer frommen und eifrigen Priester und Missionäre war von einer einseitig gesetzlichen Moral und einem statischen Kirchenverständnis geprägt. Wie sollen sie sich zurechtfinden in einer Kirche, die sich gemäß dem Zweiten Vatikanischen Konzil mehr als Pilgerkirche, als Volk Gottes, als Kirche inmitten der Welt versteht? Die Pastoralkonstitution Gaudium et spes ist noch nicht genügend in das Priesterbild und die Priestererziehung umgesetzt: eine nicht leicht zu bewältigende Aufgabe. Mit dem empfangenen Rüstzeug und dem überlieferten Kirchenverständnis und Priesterbild ist es vielen nicht leicht, die Mitverantwortung und Mitbestimmung des „Volkes Gottes" voll und dankbar anzunehmen.

In uns allen steckt ein „verborgener Atheist", der uns zutiefst verwundet und bedroht. Ich denke an eine Analogie zu jenem Atheismus, der bei Ernst Bloch klassisch zum Ausdruck kommt. Man leugnet einen persönlichen Gott, weil man sich von niemand etwas schenken lassen will, schon gar nicht von einem allmächtigen Gott oder gar von einem sich selbst entäußernden, sich für uns opfernden Gott in Jesus Christus. Leistungstüchtige Priester aller Ränge können ernst am „Helfer-Syndrom" erkranken. Sie sind für die andern da und erwarten, daß diese dankbar und gefügig ihre Leitung und Weisung annehmen. Sie gestehen sich nicht ein, daß sie selbst auch nur als Empfangende (von Gott und von den Mitgläubigen Empfangende) heil werden und heil sein können.

Es ist in gewissen Strukturen und Umständen den Angehörigen des Priesterstandes durchaus nicht leicht, eine organische Synthese und zugleich eine gesunde Differenzierung zwischen ihrer Amtsperson und ihren persönlichen Beziehungen zu finden. Sie sind in Gefahr, sogar in ihren persönlichen Beziehungen den „Herrn Pfarrer", die „Exzellenz" zu spielen. Dazu kommen die bisweilen verwundenden Probleme der Übertragung (des Transfer) von seiten betreuter Gläubiger, die besonders gefährlich werden, wenn es sich um regressive kranke Menschen handelt, die nicht Ermutigung zu Eigenverantwortung, sondern nur Sicherheit und Betreuung suchen. Gerade Priester, die mit einem übermächtigen Über-Ich und Autoritätsideal belastet sind, gehen allzu leicht auf diese Einseitigkeit des Betreuers ein. So werden beide Partner nicht heiler, sondern immer mehr verwundet.

Die Verwundung des Priesters kann sich zeigen in einem Schwanken zwischen Ehrgeiz und Resignation. Je heftiger der Ehrgeiz ist, je mehr er sich von einem Milieu beeinflussen läßt, in dem die Sorge um Titel, Beförderungen und sozialer Anerkennung überentwickelt ist, um so heftiger kann dann die Reaktion in Resignation sein.

Der Priester, der sich dieser Verwundungen und Gefährdungen bewußt ist, ihnen mutig ins Auge schaut und sich mit ganzem Herzen dem göttlichen Arzt zuwendet, kann nicht nur trotz seiner teilweisen Verwundung, sondern auch kraft der angenommenen Schatten im Vertrauen auf den göttlichen Heiland ein wirksames Werkzeug der heilenden Liebe Gottes werden. Das bedeutet auch ganz wesentlich, daß er nicht die einseitige Spur – die Einbahn – des Gebens und Heilens leben will, sondern die Gegenseitigkeit: empfangen und geben, in gegenseitiger Dankbarkeit und Annahme.

2. Verwundete Kirche in einer verwundeten Kultur und Gesellschaft

Wir denken hier auch an die institutionellen und strukturellen Seiten der Kirche. Denn wir meinen die reale Kirche, die notwendig auch Institutionen, Ordnungen und Gesetze hat. Auch die Institution soll letztlich „sakramentales Zeichen", Heilsaussage und Hinweis auf Christus sein. Aber sie ist es nicht automatisch. Sie kann es mehr oder weniger sein. Institutionelle Elemente können sogar zu Gegenzeichen werden.

Das Zweite Vatikanische Konzil spricht von der wechselseitigen Beziehung von Kirche und Welt, von einem Geben und Empfangen[68], von dem vielfältigen Zusammenhang zwischen Heilsverkündigung und Kultur[69].

Die Kirche, die ihre institutionellen Formen, ihre theologische Sprache und Kultsprache, ihr Philosophieren in allen Kulturen der bewohnten Erde *(oikumene)* inkarnieren will, empfängt einen großartigen kulturellen Reichtum, ist aber auch eingespannt in viele Zwänge, Einseitigkeiten und Verkrustungen der menschlichen Gesellschaft und der verschiedenen Kulturen. Die Lokalkirchen und in noch gefährlicherer Weise eine einseitig zentralistische, mit einem Kulturkreis und einer gewissen politischen Macht verbündete Kirchenleitung sind in großer Gefahr der Ansteckung durch sündhafte Strukturen, durch Engführung, Überlegenheitskomplexe und ähnliches.

Denken wir zum Beispiel an die kulturellen, gesellschaftlichen und politischen Hintergründe und Ursachen der Kirchenspaltungen. Die kulturellen Differenzen und die politischen Interessen wirkten um so mächtiger und nachhaltiger an den Entfremdungen und Spaltungen mit, je mehr es an einer sauberen Unterscheidung zwischen der kulturellen Einkleidung und Synthese einerseits und dem Wesenskern der Heilsbotschaft fehlte. Darum die so nachdrückliche Mahnung Johannes' XXIII. bei Eröffnung des Konzils und der Pastoralkonstitution, hierin sorgfältig zu unterscheiden[70], was freilich gar nicht immer so leicht ist. In ihrem Verhältnis zu den jeweiligen Kulturen, Herrschaftsstilen, Wirtschaftsformen, Philosophien usw. muß sich die Kirche stets bewußt bleiben, daß

113

all das zur Welt gehört, die erlösungsbedürftig und in der Wurzel erlöst ist; daß sie selbst von diesen Mächten der Welt, denen sie die Heilsbotschaft verkünden und heilend gegenwärtig sein soll, teilweise mehr oder weniger verwundet und angesteckt ist. Diese Ansteckung wird immer dort akut, wo sich Kirche in Bündnissen „zwischen Thron und Altar" einer Kultur und Herrschaftsform verbündet.

Manches ist unvermeidbare Anpassung an eine vorgegebene und allgemein unkritisch angenommene Familien- und Gesellschaftsform, zum Beispiel die patriarchalische Familie und eine autoritäte Monarchie oder eine ebenso autoritäre Oligarchie. Haben sich dann – auch weithin unter der Dynamik der Offenbarung – eine neue Sicht der Partnerschaft in der Familie, der Gleichheit zwischen Mann und Frau und das Ideal der partizipatorischen Gesellschaft angebahnt, so besteht für die Kirche eine doppelte „Verwundung" oder wenigstens die Gefahr einer solchen: der Verwundung durch Anpassung an eine an sich unvollkommene Gesellschaftsform und durch das Festhalten (eine Ossifikation) am traditionellen Schema unter ideologischen (scheinbar theologischen) Rechtfertigungen. Man denke heute nur daran, daß in der katholischen Kirche die Frauen praktisch von allen – auch sie betreffenden – Entscheidungsgremien und Entscheidungsprozessen ausgeschlossen sind. Man theologisiert sogar das Verbot jeglichen Ministrantendienstes von Frauen. Dabei wirken viele Symptome zusammen: Mangelnde Schulung in Kultur- und Sprachsoziologie, autoritäre Erziehung, mangelnde Auseinandersetzung mit dem eigenen Über-Ich und den Interessen der eigenen Gruppe, des eigenen Standes usw.

In der ökumenischen Bewegung und insbesondere im Weltrat der Kirchen wurde diesbezüglich schon vieles aufgearbeitet, mehr ist wohl noch aufzuarbeiten. Die Wahrheitsfrage, die Frage der Treue gegenüber dem Herrn der Kirche ist nicht gefährdet durch den demütigen Mut, den bleibenden Auftrag des Herrn und das Zeitgeschichtlich-Wandelbare sauber zu unterscheiden. Die Wahrheitsfrage und die Treue werden viel konkreter, ehrlicher und fordernder, wenn man die Krusten soziologischer Zwänge, Bedingtheiten und Verwundungen sauber aufarbeitet. Die Relativierung der Wahrheit geschieht in höchst ungesunder Form, wenn man menschliche Traditionen verabsolutieren will, sozusagen in einem einzigen Paket mit der göttlichen Offenbarung. Und selbst die Heilige Schrift bedarf sorgfältiger Exegese und Hermeneutik, um nicht die Einkleidung der Botschaft für die Botschaft selbst auszugeben.

Die sechste Vollversammlung des Ökumenischen Rates der Kirchen in Vancouver 1983 hat die Aufgabe der Kirche „des Heilens und der Versöhnung" stark herausgestellt. Es gab eine eigene Kommission über „Teilen und Heilmachen" („Sharing and Healing"). Aber angesichts dieser Aufgabe der gesamten Christenheit ist es um so schmerzlicher, feststellen zu müssen, „daß die Kirchen noch nicht genügend Fortschritte auf ihrem Weg zu einer Gemeinschaft des Bekennens, des Lernens, der Teilhabe, des Teilens, des Heilens und der Versöhnung erzielt haben"[71]. Das ist die schmerzliche Situation des „verwundeten Heilers", aber doch weniger gefährlich als ehedem, da sich der Heiler, bzw. die „Heilerin-Kirche" ihre Wunden eingesteht, sich in Demut an den Herrn wendet und auch gegenüber der so heillos verwundeten

Welt von heute nicht in Selbstgerechtigkeit spricht und handelt.

3. Die verwundete Kirchenleitung: der Herrschaftsstil

In seinem aufsehenerregenden und vom Hl. Offizium indizierten Buch, „Die fünf Wunden der Kirche"[72], (geschrieben 1832 und veröffentlicht 1848) hat Antonio Rosmini, zweifellos einer der bedeutendsten Geister des 19. Jahrhunderts, vor allem die vielfach verwundete Kirchenleitung behandelt. Die „Wunde der linken Hand" der gekreuzigten Kirche ist ihm die Entfremdung des Klerus, die sich vor allem im öffentlichen Kult kundtut. Die „Wunde der rechten Hand" ist für ihn die unzulängliche, entfremdete Bildung des Klerus. Die Seitenwunde ist ihm die Uneinigkeit, das mangelnde kollegiale Zusammenspiel der Bischöfe. Fast die Hälfte seines Buches gilt der „Wunde des linken Fußes": der entfremdenden und entfremdeten Ernennung der Bischöfe. Dies ist sein Hauptanliegen. Er hält die Wahl des Ortsbischofs durch den Ortsklerus unter Mitwirkung des gläubigen Volkes für ein „göttliches Recht", dessen Ausübung freilich je nach Zeitbedürfnissen und Möglichkeiten genauer zu bestimmen ist. Mit Freimut spricht er gegen die zentralistische und nach seiner Auffassung weithin simonistische Ernennung der Bischöfe in vergangenen Zeiten, unter totaler Ausschaltung der Ortskirche. Doch der Ton liegt eindeutig in seinem Kampf gegen die Ernennung der Bischöfe durch Kaiser, Könige und Fürsten. Dadurch hat er sich den Zorn der Habsburger Partei zugezogen, die deshalb Rosmini als den gefährlichsten Gegner ansah und alles tat, ihn zu diskreditieren und sein Werk auf den Index zu bringen. Rosmini geht es um baldige und möglichst wirksame Heilung dieser Wunden. Dabei hebt er die Freiheit der Kirche und den Freimut in der Kirche als die entscheidenden Heilmittel hervor. Die innere Freiheit der Kirche ist für ihn die evangelische Armut. In dieser Hinsicht behandelt er die „Wunde des rechten Fußes": die Kirchengüter und ihre Entfremdung. Rosmini glaubt an die heilenden Kräfte in der Kirche, sofern sie nicht durch äußere Knechtung, durch die Willkür der Fürsten und ihren Mißbrauch der Kirche behindert wird. Immer wieder kehrt der Gedanke wieder: Die Kirche braucht keine Schätze, keine Vorrechte, sondern Freiheit, sie selbst zu sein und ihre Aufgabe treu zu erfüllen. Zur Bezeugung und Wahrung des Geistes der Armut und des selbstlosen Dienens verlangt Rosmini den regelmäßigen öffentlichen Rechenschaftsbericht über die kirchlichen Güter und ihre Verwendung. „Wie würde die Kirche sich auf diese Weise die Herzen der Gläubigen verbinden!"[73]

Es wäre unzutreffend, wollte man Rosminis Gedanken in dem Satz ausdrücken: „Arzt, heile dich selbst", so sehr er nach den heilenden Kräften und deren Anwendung ruft und so vordergründig er sich dabei an die Kirchenleitung wendet. Denn erstens betont Rosmini richtig den Vorrang der Gesinnungsänderung, der ständigen Bekehrung, wodurch die Erneuerung der Strukturen ihre eigentliche Dynamik erreicht. Zweitens macht er deutlich, daß das ganze gläubige Volk an der Heilung der Wunden der Kirche mitwirken muß. Drittens richtet er den Blick auf den göttlichen Arzt, dessen Hilfe, Weisung und heilende Kraft wir anrufen und dankbar annehmen müssen. Und schließlich sieht Rosmini klar, daß der Heilungsprozeß in der Kirche Hand in Hand geht mit der Treue der Kirche zu ihrer Berufung, „Salz der Erde" zu werden.

All das sieht Rosmini in Frage gestellt, wenn sich die Leiter der Kirche mit Jasagern umgeben, Schmeichler auszeichnen, und wenn man die Wunden mit einer Hülle bedecken will, und er fügt bei „man gestatte mir den Ausdruck, ‚diplomatische Heuchelei'"[74].

Was wir heute von Rosmini vor allem lernen könnten, ist die Verbindung von Freimut mit Demut, mit der Bereitschaft, mit und für die Kirche zu leiden, in einer großen Liebe zu der Kirche und ihren Hirten.

4. Heilung durch einen gesunden Lebensstil

Der Herrschaftsstil, von dem Antonio Rosmini so mutig und im Blick auf die Heilung der fünf Wunden der heiligen Kirche gesprochen hat, hängt in vielfältiger Weise mit dem Lebensstil zusammen und ist Teil desselben. Es geht uns hier um den Lebensstil des Volkes Gottes insgesamt und im Blick auf unsere heilende Sendung, „Salz der Erde" zu sein.

Hat James McGilvray recht, wenn er schreibt, „Unser Lebensstil ist der Faktor, der unsere Gesundheit am meisten beeinflußt"[75], so kann man im Blick auf die Sendung der Kirche, das Evangelium zu predigen und die Kranken zu heilen, einem gesunden Lebensstil kaum zu viel Aufmerksamkeit zuwenden.

Was „gesunder Lebensstil" in Bezug auf Ernährung, Schlaf, Gleichgewicht zwischen Arbeit und Muße, gesunde Freizeitgestaltung, Vermeiden von allem, was zu Suchtgefahren führt, Ertüchtigung durch

Sport, Naturverbundenheit und manches andere verlangt, das sagen uns die Fachleute, etwa Ärzte, Psychologen und Diätisten, Sportmediziner, Spieltherapeuten. Nicht weniger wichtig ist jedoch das, was wir als Gläubige sehen, z. B. die Pflege der kontemplativen Dimension unseres Daseins, das rechte Feiern von Festen. Das ist nicht möglich, ohne daß wir uns frei machen von allen Götzen, von Habgier und Machtgier, frei von unnötigen Ängsten und Sorgen, frei für die Freude am Herrn, frei durch Hingabe an den Heiligen Geist, der uns ganz und heil macht und uns gesunde mitmenschliche Beziehungen und wahre Gemeinschaft lehrt.

Als Christen denken wir bei der Wahl unseres Lebensstiles nicht nur an unsere leib-seelische Gesundheit, sondern auch an unseren Auftrag heilenden Daseins für die anderen. Der Glaube an das Opfer Christi, die Schlichtheit seines Daseins für andere geben unserer Wahl des Lebensstiles sowohl Zielrichtung wie entscheidende Motive.

Ein gesunder Lebensstil der Gläubigen und insbesondere jener, denen in ganz besonderer Weise die Sendung gilt, die Frohbotschaft zu verkünden und zu heilen, sollte so sein, daß er allen vernünftigen Menschen einleuchten kann und anziehend wirkt.

5. Heilung der Aussätzigen als bedeutsames Paradigma

Da der zu Ehren des seligen Petrus Donders, des Apostels der Aussätzigen und der Ärmsten in Surinam, errichtete Lehrstuhl für mich der Anlaß zu diesen Reflexionen war, dürfte es nicht fehl am Platz sein, wenn ich meine Ausführungen mit einigen Überlegungen über die Heilung der Aussätzigen schließe.

Die heilende Liebe Jesu zu den Aussätzigen, seine besondere Nähe zu ihnen gehört zum Wesen seiner Sendung als Erlöser der Menschen. Seine Jünger werden sich in ganz besonderer Weise angetrieben fühlen, alles für die Befreiung der Menschheit von der Plage des Aussatzes zu tun, und zwar gerade als „verwundete Heiler", als zu Heilende.

Vom medizinischen Standpunkt aus haben wir die nötigen Schlüssel zur Überwindung des Aussatzes, wenn wir die nötige Liebe, die nötigen Mittel und den edelmütigen Einsatz von Kräften aufbringen.

Es zeigt sich jedoch immer deutlicher, daß es nicht nur darum geht, die relativ wenig kostspieligen Medikamente zu verabreichen und die Angesteckten rechtzeitig ausfindig zu machen und zu behandeln. Es bedarf gesunder Ernährung für alle von der Ansteckung Betroffenen und Gefährdeten, vor allem der Kinder. Es stellen sich also im Kampf gegen den Aussatz fast alle Probleme der Dritten Welt, die Probleme der Entwicklung des ganzen Menschen, die Probleme gesunder persönlicher, sozialer und internationaler Beziehungen.

Im Blick auf das Paradigma vom „verwundeten Heiler" meine ich, daß die Christen reicher Länder sich als Nahziel in Erfüllung des Auftrags, zu heilen, die Befreiung vom Aussatz wählen sollten. Die Opfer, die aufzubringen wären für die Befreiung der Menschheit vom Aussatz im Laufe des nächsten Jahrzehntes oder wenigstens der nächsten Jahrzehnte, sollten gesehen werden im engsten Zusammenhang mit der Befreiung von allem, was unserer opulenten, verschwenderischen Gesellschaft wie ein häßlicher Aussatz anhaftet. Das Fastenopfer für die Aussätzigen sollte zu einem guten Teil Frucht unserer Umstellung auf einen einfachen, gesunden Lebensstil sein, erspart durch gesundes Maßhalten in Essen, Trinken und Rauchen.

Der entschlossene Kreuzzug gegen den Aussatz sollte im Zeichen des verwundeten Arztes ein volles Bewußtwerden des „Aussatzes" unserer Kultur auslösen, eine Gewissenserweckung auf breiter Front gegen den Aussatz der quantitativen Wachstumsmanie, des maßlosen Verlangens nach immer mehr und ungesunderem Konsum, der Verwüstung der Ökosphäre, der Verschmutzung der Luft und des Wassers, der Lärmverpestung und dergleichen werden. Als verwundete Heiler sollten wir die Aussätzigen der ganzen Welt, denen wir uns zuwenden, anflehen, für uns zu beten, daß wir vom Aussatz unseres individuellen und kollektiven Egoismus frei werden, von der kollektiven Ungerechtigkeit gegen die Armen der Welt, von der Verschmutzung unseres Gewissens infolge Ansteckung durch den Aussatz unserer kranken Kultur[76].

Die Befreiung der Menschheit vom Aussatz und von ähnlichen Plagen ist nicht denkbar, ohne die inneren Energiequellen zu verlebendigen. In einem Heilversuch, der sich den Aussätzigen mit besonderer Liebe zuwendet, könnten uns gerade dadurch die inneren Kraftquellen zufließen, unsere eigenen Übel, nicht zuletzt das Übel der Gewalttätigkeit und des Rüstungswahnsinnes zu überwinden.

Anmerkungen

[1] *James McGilvray,* Die verlorene Gesundheit. Das verheißene Heil, Stuttgart 1982, 15.

[2] *J. Gilvray,* a.a.O. 112.

[3] Ebd. 79.

[4] *E. Wynder – H.-C. Sullivan,* Preventive Medicine and Religion: Opportunities and Obstacles, in: *M. E. Marty – K. L. Vaux* (Hrsg.), Health/Medicine and the Faith Traditions. An Inquiry into Religion and Medicine, Philadelphia 1982, 231–244, Zitat S. 232.

[5] *A. E. Bergin,* Psychotherapy and Religious Values, in: Journal of Consulting and Clinical Psychology 48 (1980) 95–105.

[6] Vgl. *J. Gilvray,* a.a.O. 121 f.

[7] Ebd. 60.

[8] Vgl. World-Council of Churches, The Healing Church, Genf 1966 (deutsch: Auftrag zu heilen, Genf 1966); *Dr. R. A. Lambourne,* Community, Church and Healing, London 1963.

[9] *J. Murray Cudily,* The Ordeal of Civility: Freud, Marx, Lévi-Strauss and the Jewish Struggle with Modernity, New York 1974, 10.

[10] *D. W. Foster,* M. D., Religion and Medicine: The Physician's Perspective, in: *M. E. Marty – K. L. Vaux* (Hrsg.), a.a.O. (s. Anm. 4) 245–270; Zitat 262.

[11] *M. E. Marty,* Tradition and Traditions in Health/Medicine and Religion, in: ebd. 3–26, Zitat 22.

[12] *A. Mitscherlich,* Krankheit als Konflikt – Studien zur Psychomatischen Medizin, Bd. II, Frankfurt [6]1975, 7.

[13] Zu erwähnen sind u.a. die Forschung und die Veröffentlichungen des Deutschen Instituts für ärztliche Mission, Tübingen, der Studiengruppe des Weltrates der Kirchen, die weithin mit dem Institut in Tübingen zusammenarbeiten, das Kennedy Institute for Bioethics an der Georgetown University, Washington, D.C., die Konsultationen und Veröffentlichungen der Lutheran General Medical Center Foundation, speziell: *M. E. Marty – K. L. Vaux* (Hrsg.) (s. Anm. 4).

[14] Vgl. hierzu: *Sandol Stoddard,* The Hospice Movement: A Better Way of Caring for the Dying, New York 1977.

123

[15] *O. C. Simonton – St. Matthews-Simonton – J. Creighton,* Wieder gesund werden. Eine Anleitung zur Aktivierung der Selbstheilungskräfte für Krebskranke und ihre Angehörigen. Reinbek 1982. Orig.: Getting Well Again. A Step-by-Step Self-Help Guide to Overcoming Cancer for Patients and their Families, Los Angeles 1978. (Das Buch ist übersetzt oder wird zur Zeit übersetzt in fast alle größeren Sprachen.) – An weiteren Einzelveröffentlichungen dieser Richtung seien genannt: *D. R. Belgum* (Hrsg.), Religion and Medicine: Essays on Meaning, Values, and Health, Iowa 1967; *E. R. Dayton* (Hrsg.), Medicine and Missions: A Survey of Medical Missions, Wheaton/Ill. 1969; *A. Dyck – J. Reiser* (Hrsg.), Ethics in Medicine: Historical Perspectives and Contemporary Concerns, Cambridge 1977; *M. T. Kelsey,* Healing and Christianity: In Ancient Thought and Modern Times, New York 1973; *H. Kruger,* Other Healers, Other Cures: A Guide to Alternative Medicine, Indianopolis 1974; *R. A. Lambourne,* Community, Church and Healing: A Study of Some of Corporate Aspects of the Church's Healing Ministry, London 1963 (auch franz. Übers.); *H. L. Letterman* (Hrsg.), Health and Healing: Ministry of the Church, Chicago 1980; *G. Parkhurst,* Healing the Whole Person, New York 1968; *J. A. Sanford,* Healing and Wholeness, New York 1977; *Th. Szasz,* The Theology of Medicine: The Political-Philosophical Foundations of Medical Ethics, Baton Rouge 1977; *K. L. Vaux,* This Mortal Coil: the Meaning of Health and Disease, New York 1978; *D. White* (Hrsg.), Dialogue in Medicine and Theology, Nashville 1967; *World Council of Churches,* The Healing Church: The Tübingen Consultation, Geneva 1965.

[16] *J. Wilkinson,* Health and Healing: Studies in the New Testament Principles and Practices, Edinburgh 1980, 4.

[17] *E. A. Powers,* Signs of Shalom, Philadelphia 1973, 21.

[18] *F. Arnold,* Der Glaube, der dich heilt. Zur therapeutischen Dimension des christlichen Glaubens, Regensburg 1983, 58.

[19] *Kitamori,* Theologie des Schmerzes Gottes, Göttingen 1972.

[20] Vgl. *K. L. Vaux,* Theological Foundations of Medical Ethics, in: *M. E. Marty – K. L. Vaux* (Hrsg.), a. a. O. (s. Anm. 4) 215–228, bes. 223 f.

[21] *F. Arnold,* a. a. O. 13.

[22] Vgl. *D. Stanley* S. J., Salvation and Healing, in: The Way 10 (1970) 208–317.

[23] Vgl. *D. u. M. Linn,* Healing Life's Hurts – Healing Memories through the five stages of Forgiveness. New York, 178; vgl. auch das schon genannte Buch von *O. C. Simonton* u. a. (s. Anm. 15).

[24] Zitiert nach *F. Arnold,* a. a. O. (s. Anm. 18) 125.

[25] Ich folge in diesem Abschnitt vor allem dem bedeutenden evan-

124

gelischen Exegeten *P. S. Minear,* To Heal and to Reveal. The Prophetic Vocation According to Luke, New York 1976.

[26] *P. S. Minear,* a. a. O. 73.

[27] Ebd. 70, mit Verweis auf *J. Jeremias,* New Testament Theology, Bd. I, London 1971, 116.

[28] *P. S. Minear,* a. a. O. 121.

[29] Ebd. 75.

[30] Als Beispiele seien zwei Werke genannt: 1. *Franz Josef van Beeck S. J.,* Christ Proclaimed, New York 1979. Darin werden das heilende Tun Christi und der im christlichen Altertum so beliebte Titel „göttlicher Arzt" („Heiland") schweigend übergangen. Erwähnt wird zwar, daß Jesus den Menschen mit großer Sympathie begegnete, aber es wird nicht darüber nachgedacht, daß dies heilende Wirkungen hatte. 2. *Johann Auer,* Die Kirche – Das allgemeine Heilssakrament, Regensburg 1983. Trotz des Titels „Heilssakrament" kommt darin die Sendung der Kirche, das heilende Tun Jesu fortzusetzen, nicht zur Sprache; ebenso fehlt eine Behandlung des Verhältnisses zwischen Heil, Heil-sein und Heilen.

[31] *R. A. Lambourne,* Community, Church and Healing, London 1963, 120.

[32] Ebd. 72.

[33] Vgl. *H. Morawa,* Bausteine der Menschlichkeit. Einführung in die Lepra-Arbeit, München 1982, bes. 41 u. 51.

[34] Ebd. 52.

[35] *V. Frankl,* Ärztliche Seelsorge. Grundlagen der Logotherapie und der Existenzanalyse, Wien [9]1979; *ders.,* Der Wille zum Sinn, Bern [2]1978; *ders.,* Der Mensch vor der Frage nach dem Sinn. Eine Auswahl aus seinem Gesamtwerk, München 1979; *ders.,* Die Sinnfrage in der Psychotherapie, München 1981. Vgl. auch *R. May,* Man's Search for Meaning, New York 1953. Auch die Werke von W. G. Allport, E. Erikson, E. Fromm, K. Horney, C. R. Rogers geben der Sinnfrage und dem Suchen nach Lebenssinn weiten Raum. – *J. Fabry,* Das Ringen um Sinn, Freiburg 1978; *E. Lukas,* Von der Tiefen- und Höhenpsychologie. Logotherapie in der Beratungspraxis, Freiburg 1983.

[36] Vgl. *K. Menninger,* Whatever Became of Sinn, New York 1973, 217.

[37] Vgl. *P. L. Berger,* A Rumor of Angels: Modern Society and the Rediscovery of the Supernatural, Garden City, N. Y. 1969, 31.

[38] *B. Tyrrell* S. J., Christotherapy, New York 1975; *ders.,* Christotherapy II, New York 1982.

[39] *A. Stanford,* The Healing Light, Plainfield 1978.

[40] Vgl. *K. Frielingsdorf – G. Stöcklein,* Befreiende Erfahrungen in Positano. Ein Modell therapeutischer Seelsorge, Mainz 1983.

[41] Vgl. *J. Hoeren – M. Ball* (Hrsg.), Heilkraft des Glaubens, Ostfil-

125

dern 1983; *F. Arnold,* a.a.O. (s. Anm. 18); *J. Sudbrack* (Hrsg.), Heilkraft des Heiligen, Freiburg 1975.

[42] *J. Kovel,* A Complete Guide to Therapy. From Psychoanalysis to Behavior Modification, New York 1975, 148 f.

[43] Vgl. *F. Arnold,* a.a.O. 137; *H. Wolff,* Jesus als Psychotherapeut, Stuttgart 1978.

[44] Vgl. *E. Biser,* Heil als Heilung – Aspekte einer therapeutischen Theologie, in: *J. Sudbrack* (Hrsg.), a.a.O. (s. Anm. 41) 102–139.

[45] *B. Hanssler,* Angst und Hoffnung, in: Arzt und Christ 29 (1983) 59.

[46] Zitiert nach *F. Arnold,* a.a.O. 78.

[47] Diese Sicht ist ganz besonders kraftvoll herausgearbeitet von dem Arzt, Psychotherapeuten und Theologen *R. A. Lambourne,* Le Christ et la santé. La mission de l'Église pour la guérison et le salut des hommes, Paris 1972 (= vom Verf. bearbeitete, franz. Ausg.; engl. Orig.: Community, Church and Healing).

[48] Praxis confessarii n. 1 und n. 19.

[49] Konstitution über die Liturgie, 73.

[50] Die Literatur über Faith-Healing ist überreich. Nur wenige Bücher seien hier genannt: *J. M. Buckley,* Christian Science, Faith-Healing, and Kindred Phenomena, New York 1892; *M. Barbanell,* Saga of Spirit Healing, London 1954; *G. Bishop,* Faith-Healing: God or Fraud?, Nashville 1967; *R. Numbers,* Prophetess of Health: A Study of Ellen G. White, New York 1976. Für katholische Charismatische Erneuerung ist kennzeichnend: *F. McNutt,* Die Kraft zu heilen, Graz 1976; *ders.,* Beauftragt zu heilen, Graz 1979.

[51] *M. Heidegger,* Sein und Zeit, Gesamtausgabe Bd. 2, Frankfurt 1977, 319, 349, 353.

[52] *I. Illich,* Die Enteignung der Gesundheit – Medical Nemesis, Hamburg 1975, 180.

[53] Vgl. *E. Kübler-Ross,* Verstehen, was Sterbende sagen wollen, Stuttgart 1982 (Übers. von Living with Death and Dying, New York 1981). Vgl. auch die zahlreichen anderen Werke dieser für das Verstehen des Sterbens und sinnvoller Hilfe hochverdienten Ärztin wie: Interviews mit Sterbenden; Was können wir noch tun?, Antworten auf Fragen nach Sterben und Tod; Reif werden zum Tode; Leben, bis wir Abschied nehmen.

[54] Vgl. *C. J. Groesbeck,* Der Archetypus des verwundeten Arztes, in: *J. Sudbrack* (Hrsg.), a.a.O. (s. Anm. 41) 177–208; *C. G. Jung,* Die Dynamik des Unbewußten, Ges. Werke Bd. 8, Freiburg ²1977; *ders.,* Praxis der Psychotherapie, Ges. Werke Bd. 16 Freiburg ²1976; *H. J. Nouwen,* The Wounded Healer, New York 1972.

[55] *C. G. Jung,* Analytic Psychology, New York 1968, zitiert nach *C. J. Groesbeck,* a.a.O. 196.

126

[56] Dieses Thema ist ausführlich behandelt in *M. E. Marty – K. L. Vaux* (Hrsg.), a.a.O. (s. Anm. 4) 53–162.

[57] *W. Schmidbauer,* Die hilflosen Helfer. Über die seelische Problematik der helfenden Berufe, Reinbek [10]1981, 21.

[58] Ebd. 14–23 mit Literaturangaben.

[59] Ebd. 146–152, 172.

[60] *J. Willi,* Zweierbeziehung, Reinbek 1975, 96.

[61] *W. Schmidbauer,* a.a.O. 161.

[62] *St. A. Leavy,* Questioning Authority. The Contribution of Psychoanalysis to Religion, in: Crossroad 32 (1982) 129–142.

[63] Vgl. *H. P. Tews,* Soziologie des Alterns, Freiburg [2]1974; *E. W. Marvin,* Planning for Elderly, Philadelphia 1978; *F. Mayer,* Schöpferisch alt werden, Innsbruck 1978.

[64] *W. Schmidbauer,* a.a.O. (s. Anm. 57) 82.

[65] Vgl. *E. Berne,* Spiele der Erwachsenen, Reinbek 1970.

[66] Diesem Thema habe ich den größeren Teil des 3. Bandes von „Frei in Christus" gewidmet.

[67] *W. Schmidbauer,* a.a.O. 229f.

[68] Gaudium et spes 40–44.

[69] Ebd. 58, 62; Ad gentes, passim.

[70] Johannes XXIII.: AAS 54 (1962); Gaudium et spes 62.

[71] Rechenschaftsbericht von Philipp Potter in Vancouver, in: Herderkorrespondenz 37 (1983) 412–418, Zitat 417.

[72] *A. Rosmini,* Delle cinque piaghe della Santa Chiesa, ed. critica a cura di Cl. Riva, Brescia [3]1967.

[73] Ebd. 5. Kapitel n. 162.

[74] Ebd. 4. Kapitel n. 109.

[75] *J. McGilvray,* a.a.O. (s. Anm. 1) 125.

[76] Mit diesem Thema habe ich mich bereits in meiner Schrift, The Healing Ministry of the Church in the Coming Decades, CARA, Washington, D.C., 1982, S. 19ff., befaßt.

Von Bernhard Häring bereits im Verlag Herder erschienen:

Frei in Christus
Moraltheologie für die Praxis des christlichen Lebens

„‚Frei in Christus‘ ist eine gegenwartsbezogene Moraltheologie, die für lange Zeit ihren Platz behaupten wird. Sie empfiehlt sich einem breiten Kreis von theologisch interessierten und für religiös-sittliche Fragen aufgeschlossenen Lesern" *(Theologisch-Praktische Quartalsschrift, Linz).*

Band 1: Das Fundament aus Schrift und Tradition.
   3. Auflage. 464 Seiten, gebunden. ISBN 3-451-18391-9
Band 2: Der Weg des Menschen zur Wahrheit und Liebe.
   3. Auflage. 560 Seiten, gebunden. ISBN 3-451-18392-7
Band 3: Die Verantwortung des Menschen für das Leben.
   2. Auflage. 488 Seiten, gebunden. ISBN 3-451-18393-5

Umrüsten zum Frieden
Was Christen heute tun müssen

„Bernhard Häring hat ein dringend notwendiges Buch geschrieben, das in der gegenwärtigen kontroversen Abrüstungsdiskussion viel zur Klärung beitragen kann" *(Nordbayerischer Kurier).*

96 Seiten, Paperback. ISBN 3-451-19723-5

MARIA – Urbild des Glaubens
31 Betrachtungen und Gebete für die Marienmonate

„Dieses Buch ist eine theologische Perle, eine Hilfe für geistliches Wort und persönliche Betrachtung" *(Informationen, Freiburg).*

2. Auflage. 136 Seiten, Paperback. ISBN 3-451-18890-2

Verlag Herder Freiburg · Basel · Wien